Potager facile

Direction de la publication
Marie-Pierre Levallois

Direction éditoriale
Catherine Delprat

Édition
Sylvie Cattaneo-Naves et Aude Decelle

Direction artistique
Emmanuel Chaspoul
assisté de Cynthia Savage

Conception graphique et mise en page
Jean-Yves Grall

Index
Isabelle Jullien

Lecture-correction
Madeleine Biaujeaud

Illustrations
Photographies : © Agence MAP/Mise au point,
G+S Photographie (coll. Larousse)
Dessins : Denise Bazin, Sylvie Rochart, Élise Toublanc

Couverture
Marie-Astrid Bailly-Maître

Fabrication
Nicolas Perrier

Photogravure
Nord Compo

Potager facile

Philippe Asseray

LAROUSSE

21 Rue du Montparnasse 75283 Paris cedex 06

Sommaire

ISBN 2-03-560332-3
N° de projet : 10104427
Dépôt légal : mars 2004
Achevé d'imprimer
par Graficas Estella
(Espagne),
en février 2004

LES PICTOGRAMMES

Quantité à semer ou à planter pour 2 personnes
Type de terre
Intervalle entre plantation et récolte
Temps de réalisation
Coût moyen
Renvois

Attention ! Les quantités à semer ou à planter correspondent à la consommation annuelle de deux personnes qui se nourriraient exclusivement de leur potager. Tenez en compte quand vous calculez les quantités dont vous avez besoin.

Les 12 Gestes

Les gestes de base du jardinage

à connaître

1 Tracer un potager

Les outils

Une pelle et une pioche.

Bon à savoir

Dans un potager, on a toujours tendance à vouloir trop en mettre. Et c'est au moment de la récolte que l'on s'aperçoit de sa production pléthorique. Le bon sens rappelle qu'il est préférable de produire moins pour y passer moins de temps. Une parcelle de 30 m² est une bonne surface pour commencer un potager. C'est suffisant pour obtenir de grandes satisfactions et les premiers échecs paraîtront plus modestes. Fort de votre expérience, vous agrandirez ensuite chaque année votre potager jusqu'à la taille optimale pour vos besoins.

S.O.S.

Rien ne pousse dans mon potager derrière la maison...

Quelques mètres cachés derrière la maison ? On y fera le potager ! C'est une erreur, car les légumes ont besoin de beaucoup de lumière et de soleil pour se développer. Pour définir l'emplacement, recherchez sur votre terrain un endroit qui n'est jamais à l'ombre de la maison, d'une haie ou d'un grand arbre, ces derniers risquant de plus d'être très gênants avec leurs racines.

Ça y est, la décision est prise, vous réservez un espace de votre jardin à un potager ! Vous avez raison, et vos premières récoltes récompenseront vos efforts du début.
Voici quelques pistes pour démarrer sans vous tromper.

Quand commencer un potager ?

Il n'y a pas de règles, on peut débuter un potager quand on veut !
Si le terrain est déjà ameubli, l'idéal est de commencer au printemps, grande période de semis et de plantations, pour pouvoir profiter d'une récolte dès la première année. Mais on peut aussi se lancer en été.
Si le terrain est en friche ou même simplement engazonné, le mieux est de le préparer à l'automne ou en hiver, pour qu'il soit prêt au printemps.

Les étapes pour créer un potager

Faites analyser la terre de votre jardin par un laboratoire (vous trouverez des adresses et des kits d'analyse dans les Jardineries et les magazines de jardin). Vous saurez ainsi si elle est exploitable telle quelle ou si vous devez la corriger pour la rendre plus fertile. L'analyse vous indiquera ce qu'il faut apporter, en quelle quantité et à quelle fréquence.

1. Installez un point d'eau. Pour vous éviter de traîner des tuyaux depuis la maison, réalisez une extension enterrée de votre réseau, avec du tuyau polyéthylène noir et des raccords à visser type « Plasson ». C'est très simple, aucune connaissance en plomberie n'est nécessaire et vous aurez un point de puisage sur place.

2. Tracez des allées. Retenez que, plus il y a d'allées, moins il y a de parcelles ! Il faut donc limiter leur nombre. Dans un espace de 5 m sur 6 m par exemple, une seule allée de 1 m de largeur suffit pour pouvoir se croiser et circuler avec une brouette. Vous pourrez ainsi réaliser de part et d'autre de l'allée des parcelles de 2 m de large.

3. Aménagez un abri pour ranger les outils et procurer un peu d'ombre au jardinier.

4. Réservez un espace pour le compostage, où vous entasserez tous les déchets du jardin en vue de leur transformation en un précieux compost que vous incorporerez à la terre chaque année.

Surface du potager : 30m²
3. Abri
2. Allée : 1m de large
1. Point d'eau
4. Compost

2 Ameublir la terre

Pour que les racines des légumes puissent s'enfoncer profondément dans le sol à la recherche de nourriture, la terre doit être ameublie. Par tradition, on bêche la terre, mais on peut aussi l'ameublir sans la retourner.

Quand ameublir ?

Il n'y a pas de règle stricte. On doit ameublir une terre trop tassée avant chaque semis ou plantation.

Dans le Midi et les régions à hiver doux, on ameublit la terre **en automne,** alors que la saison s'achève, et que l'on va déjà installer les légumes de printemps comme l'ail ou les petits pois à grains ronds.

Dans les autres régions, on laissera de préférence passer l'hiver et ses précipitations, et on ameublira juste **avant le début du printemps.**

Les gestes de l'ameublissement

1. Le bêchage permet d'ameublir et d'enfouir l'herbe ou le paillage épandu en surface. Enfoncez l'outil verticalement, tirez le manche vers l'arrière et soulevez la terre pour la retourner.

2. Le griffage se pratique avec un croc, sur sol déjà dégrossi, juste avant la plantation ou le semis. Quelques mouvements de va-et-vient sur les 3 premiers centimètres de terre brisent les mottes et aplanissent la parcelle.

3. Les Grelinettes et acti-bêches sont des outils biologiques qui ameublissent la terre sans la retourner. Enfoncez les dents de l'outil verticalement dans la terre et tirez les manches vers vous. Retirez l'outil et enfoncez-le à nouveau une quinzaine de centimètres plus loin.

4. Le motoculteur, communément appelé « fraise », est un appareil à moteur que vous pouvez louer si vous avez une grande surface à ameublir. Retenez bien l'appareil pour faire travailler ses fraises en profondeur, et sélectionnez une vitesse de rotation lente pour ne pas trop émietter la terre. Elle deviendrait compacte après la première pluie.

Les outils

Une bêche, un croc, une Grelinette ou un motoculteur.

Bon à savoir

Faut-il retourner la terre ?
Le sujet est au centre des débats entre jardiniers traditionnels et adeptes du jardinage biologique ! Les premiers suivent les conseils d'un aïeul et affirment que retourner la terre en bêchant met au jour des parasites qui sont dévorés ou détruits par le froid. Les seconds prétendent qu'il faut conserver les couches naturelles du sol pour préserver les micro-organismes qui contribuent à sa fertilité.

S.O.S.

Malgré mes efforts, ma bêche ne pénètre pas dans le sol !

Votre terre contient probablement beaucoup de pierres ou de racines. Avez-vous des arbres à proximité ? Ou peut-être votre terrain est-il trop lourd, argileux. Utilisez alors une fourche à bêcher ou un outil biologique. Leurs dents pénétreront plus facilement dans la terre. Peut-être votre terre est-elle au contraire trop sèche ? Arrosez-la copieusement un ou deux jours avant de bêcher. Avez-vous enfin regardé si le tranchant de votre bêche ne méritait pas un léger passage à la meule ?

1

2

3

4

3 Semer en place

Les outils

Un semoir, un cordeau, un croc, un râteau et une étiquette.

Bon à savoir

Pour bien répartir des graines fines, mélangez-les à deux fois leur volume de sable fin. Semez alors le mélange dans le sillon. Vous ne verrez peut-être plus les graines dans le sable, mais vous serez assuré de semer clair. Il existe aussi des petits semoirs à air, permettant de saisir les graines une à une en pressant sur une poire en caoutchouc. Moins rapide mais économique en graines !

S.O.S.

J'ai bien semé, mais les oiseaux viennent dévorer mes graines !

Faites barrière aux oiseaux en étalant sur votre semis un filet ou un voile de forçage, tous deux perméables à l'air et à l'eau d'arrosage. Posez-les directement sur le sol. Ils seront soulevés par les plantules et vous pourrez alors les retirer. À défaut, accrochez des CD-Rom usagés à des cordelettes le long de votre parcelle. Les mouvements des CD-Rom agités par le vent, associés aux reflets du soleil, suffisent généralement pour dissuader les oiseaux…

Semer « en place » signifie semer directement là où seront récoltés les légumes, par opposition au semis en pépinière, où les jeunes plants de légumes sont élevés dans une « pouponnière » avant d'être arrachés et repiqués à leur emplacement définitif.

Quand semer en place ?

On peut semer en place toute l'année. Cela dépend des légumes. Il faut simplement éviter de semer sur sol gelé ou détrempé.
Dans le Midi et les régions à hiver doux, on peut semer en place **dès l'automne. Dans les autres régions,** on sème en place **à partir du printemps,** dès que les gelées nocturnes sont passées, **ou en fin d'hiver** si on peut recouvrir les semis d'un voile de forçage ou d'un châssis.

Les étapes du semis en place

1. Ameublissez la terre devant recevoir les graines. Un coup de croc suffit souvent à briser la croûte de terre. **Aplanissez avec un râteau** tout en retirant pierres et grosses mottes et **tendez un cordeau** pour marquer l'emplacement du sillon.

2. Tracez un sillon le long du cordeau. Vous pouvez le faire avec la pointe du manche du râteau retourné ou avec le fer du râteau que vous glissez sous le cordeau. Creusez un sillon plus ou moins profond selon la taille des graines.

3. Semez les graines dans le sillon. Attention, on a toujours la main trop lourde alors qu'il vaut mieux semer « clair », c'est-à-dire sans trop serrer les graines. Un espacement de 2 à 3 cm est souvent nécessaire entre deux graines. Pour les grosses graines comme celles du radis, c'est simple. Pour les graines fines, vous serez sans doute obligé d'éclaircir plus tard.
Plantez une étiquette indiquant l'espèce semée au début du sillon.

4. Recouvrez les graines de terre fine, tassez avec le dos du râteau **et arrosez** avec une pomme d'arrosoir pour ne pas déplacer votre semis. Maintenez la terre humide jusqu'à la levée de toutes les plantules.

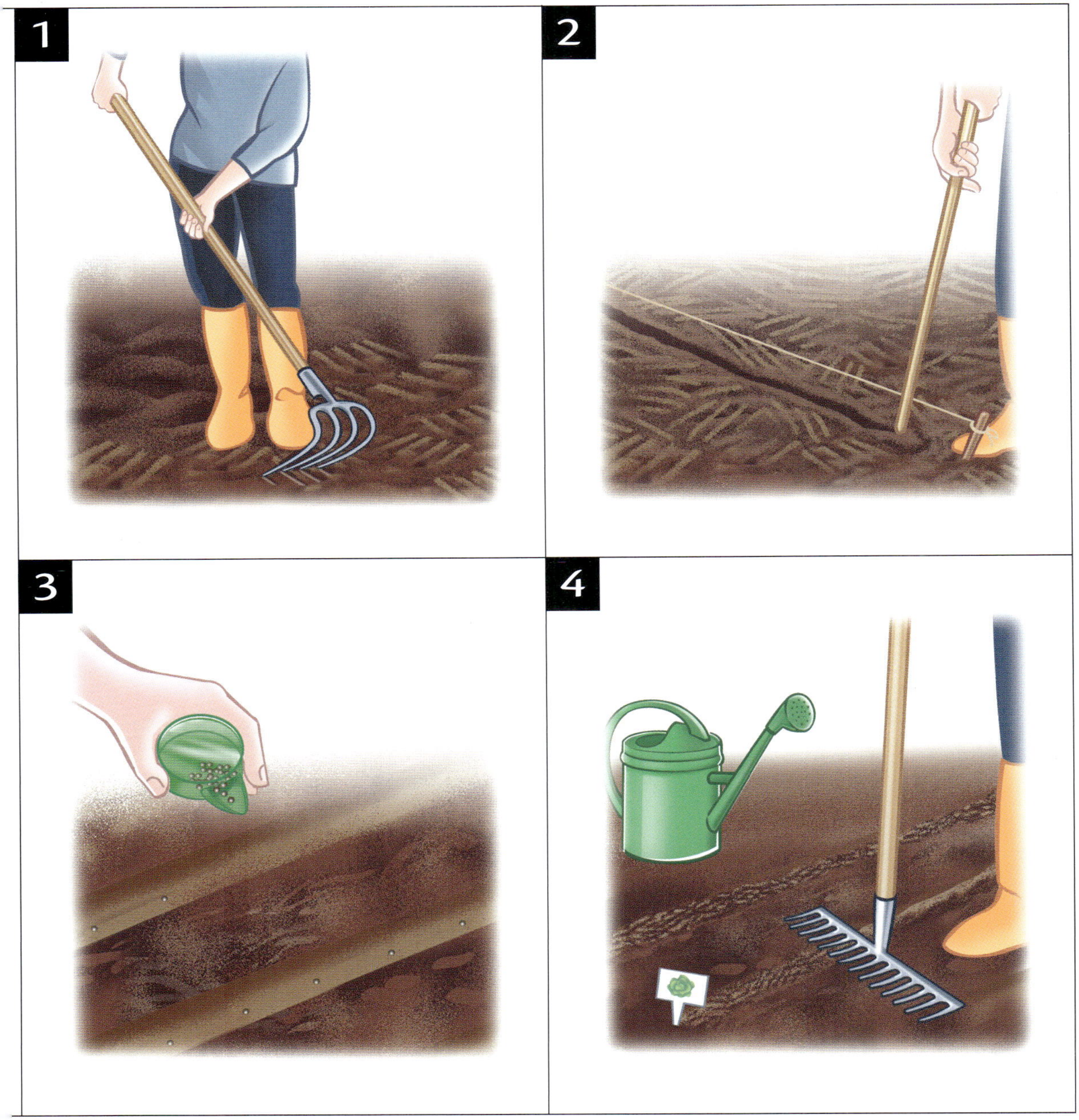
1
2
3
4

4 Éclaircir

Éclaircir (on dit aussi « démarier ») consiste à supprimer certaines plantules issues d'un semis pour laisser plus de place aux autres, qui pourront grossir et atteindre leur taille normale. On procède généralement à un éclaircissage suite à un semis en place.

Quand faut-il éclaircir ?

On éclaircit une fois, **quand les plantules atteignent 5 à 8 cm de hauteur.** Mais, si vous avez le temps, vous pouvez procéder à un premier démariage, quand les plants ne font que 2 ou 3 cm, en conservant un « paquet » de plantules selon l'écartement prévu, puis à un éclaircissage définitif parmi ces paquets, en ne gardant cette fois que le plant le plus développé.

Les étapes de l'éclaircissage

1. Arrosez pour bien tremper la terre, la veille de l'éclaircissage. L'arrachage s'effectuera plus facilement et sans endommager les plants à conserver.

2. Arrachez les plants en surnombre avec les mains, en les saisissant à la base de leur tige pour ne pas les casser. Pour aller plus vite, vous pouvez les arracher d'un coup de houe ou avec le côté d'un râteau. L'écartement à garder entre les plants varie selon les espèces (3 cm pour les radis, 8 à 10 pour les carottes par exemple).

3. Tassez la terre au pied des plants conservés avec les doigts, pour bien la remettre en contact avec leurs racines. L'arrachage des plants voisins les a en effet sans doute « déchaussés », comme disent les jardiniers. Arrosez à nouveau.

4. Jetez les plants arrachés au compost. S'ils sont suffisamment gros, vous pouvez peut-être les consommer tels quels (c'est notamment le cas des carottes), ou les repiquer sur le rang en espérant une bonne reprise.

Les outils

Une houe ou un râteau.

Bon à savoir

Certaines Jardineries proposent des graines en ruban ou en tapis. N'hésitez pas, ce sont de véritables semences, soigneusement disposées entre deux couches de fin papier biodégradable. L'écartement des graines est respecté selon l'espèce de légume. Il vous suffit de poser ce tapis ou ce ruban sur la terre ratissée, de recouvrir d'une fine couche de terre tamisée, et d'arroser délicatement… Il n'y a pas à éclaircir.

S.O.S.

Je n'ai pas éclairci assez tôt…

Vos plants sont alors serrés les uns contre les autres, vert clair et poussent tout en longueur. Pas de panique ! Il est encore temps de rattraper le coup. Arrosez et arrachez les plants en surnombre, le lendemain, pour ne garder qu'un plant tous les 5 cm. Avec un râteau, remontez la terre le long des tiges frêles des plants conservés et tassez-la. Arrosez à nouveau pour bien plaquer la terre contre les tiges. De nouvelles racines vont apparaître sur ces tiges enterrées, redonnant de la force à vos plants quelque peu abandonnés…

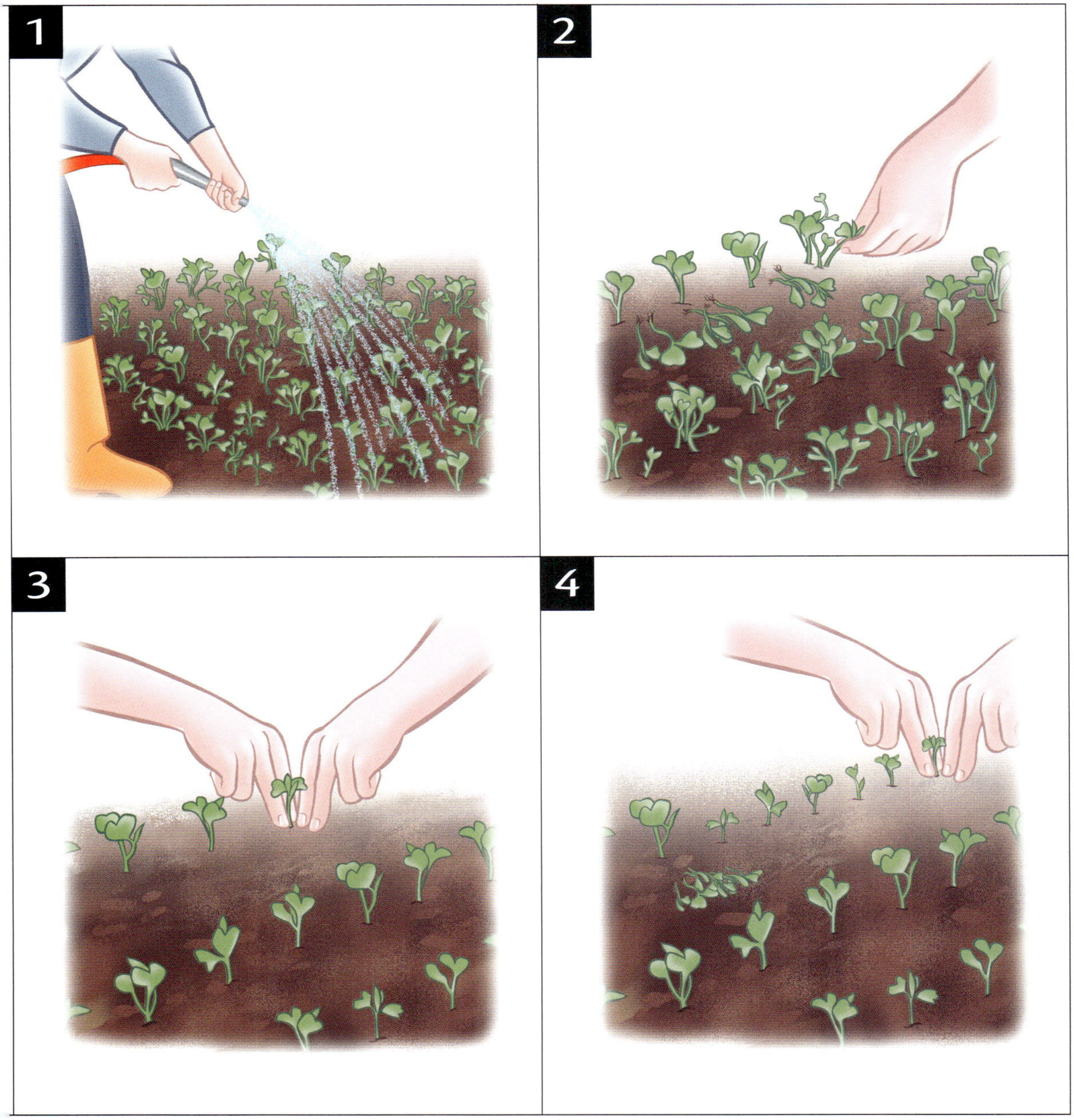
1
2
3
4

5 Repiquer

Les outils

Un plantoir et un sécateur.

Bon à savoir

Praliner consiste à enrober les racines d'un plant avec un mélange boueux avant de le planter. À l'origine composé de terre et de bouse de vache, c'est aujourd'hui une poudre à délayer dans l'eau. Le pralinage évite le dessèchement des racines. Il favorise aussi l'émission de nouvelles radicelles, et donc la reprise de la plante. Vous pouvez praliner tous les plants à racines nues avant de les repiquer, cela sera toujours bénéfique à la plante. Mais ce n'est en aucun cas une obligation.

S.O.S.

Mes plants repiqués sont tout flétris !

C'est très fréquent quand on repique par journée chaude. Le lendemain de la plantation, le plant est couché sur la terre, comme fané. Il a simplement beaucoup transpiré à cause de la chaleur, mais, ses racines n'étant plus fonctionnelles temporairement, il s'est flétri. Au bout de 2 ou 3 jours, s'il est maintenu arrosé, vous allez le voir se redresser. Si les premières feuilles ne s'en remettent pas, vous les arracherez dès que le plant se sera un peu plus développé.

On procède généralement à un repiquage suite à un semis en pépinière, mais aussi quand on n'a pas eu le temps de procéder au semis et que l'on a acheté des plants de légumes.
On repique surtout les légumes verts comme les salades, les choux, les poireaux…

Quand repiquer ?

On repique **quand les plants sont devenus assez gros** pour supporter sans dommage la transplantation. Une bonne règle consiste à attendre qu'ils aient atteint **le diamètre d'un crayon.** Il n'y a donc pas de période ou de bonne saison pour repiquer, cela dépend de la période du semis !

Les étapes du repiquage

1. Préparez le plant en supprimant la moitié de son feuillage et en ne conservant que 3 cm de ses racines. Les jardiniers disent « habiller » le plant.
Pour aller plus vite, saisissez plusieurs plants à la fois et coupez feuilles et racines de l'ensemble avec un sécateur.

2. Faites un trou vertical dans la terre ameublie, avec un plantoir pointu.

3. Introduisez le plant dans le trou et enfoncez-le sur toute sa partie blanche. Prenez garde à ne pas retrousser les racines lors de l'opération, car vous retarderiez la reprise.

4. Enfoncez le plantoir 3 cm derrière votre trou et poussez-le en avant pour plaquer la terre contre le jeune plant que vous venez de présenter. C'est le **bornage.** **Arrosez** dès que vous avez fini de repiquer, au goulot d'arrosoir et directement dans le trou laissé par le bornage.

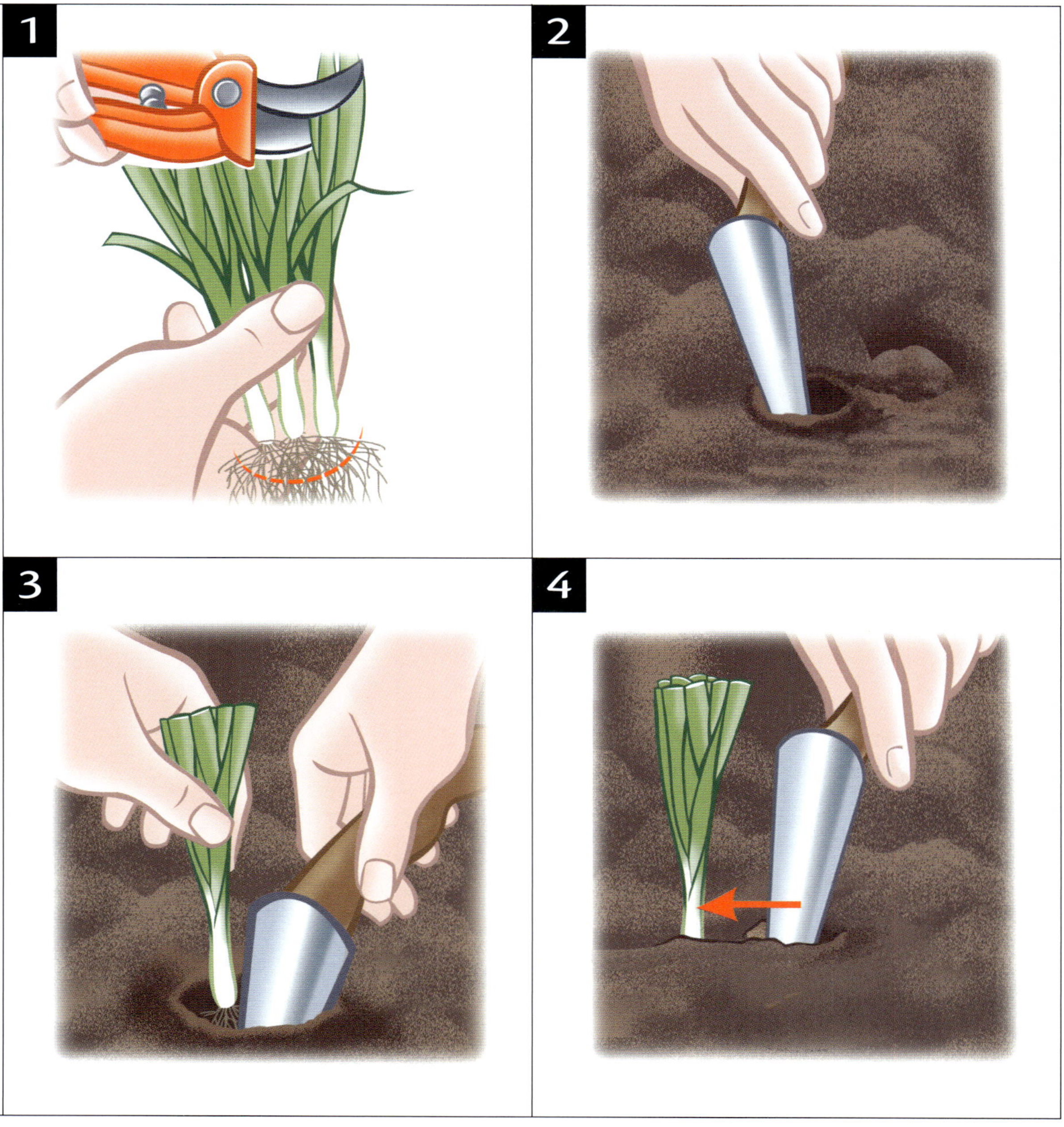
1
2
3
4

6 Semer en godet de

Les godets de tourbe sont des petits pots, ronds ou carrés, fabriqués en tourbe compressée, un produit naturel. On peut y élever des jeunes plants et les repiquer au jardin avec leur godet, qui se délite dans la terre, ce qui évite aux plants le stress du repiquage. Utilisez-les pour les légumes fruits comme les tomates ou les courges.

Quand semer en godet de tourbe ?

On ne peut donner un mois ou une date pour semer en godet de tourbe. **Vous devez en fait calculer à rebours,** sachant que vous ne pourrez installer vos plants au jardin que lorsque les gelées seront passées, et qu'**il faut compter environ 1 mois entre le semis et la plantation.**
Ainsi, si dans votre région les dernières gelées apparaissent en général fin avril, vous pouvez commencer vos semis fin mars.

Les étapes du semis en godet

1. Remplissez les godets d'un mélange à parts égales de terreau (n'importe quel type de terreau convient) et de votre terre de jardin. Ainsi, les plants ne seront pas trop « dépaysés » lors de la plantation au jardin.

2. Semez 3 graines par godet, en les posant une à une et en les enfonçant dans le terreau avec l'index, jusqu'à 1 cm de profondeur. Laissez environ 3 cm entre chaque graine. Recouvrez les graines de terreau et tassez avec une petite planchette.

3. Arrosez immédiatement en pluie fine avec un arrosoir. Maintenez godets et terreau humides jusqu'à la plantation au jardin.

4. Sélectionnez le plant le plus vigoureux dès que les plantules atteignent 8 à 10 cm de haut et arrachez délicatement les deux autres. Tassez pour resserrer le terreau sur les racines du plant restant. La plantation au jardin pourra s'effectuer dès que sa tige aura le diamètre d'un crayon.

LES OUTILS

Une planchette et un petit arrosoir.

BON À SAVOIR

Une fois humidifiés, les godets de tourbe se ramollissent et se déchirent facilement.
Pour éviter ces déboires lors de vos manipulations, pensez à récupérer des cageots chez l'épicier. Sous châssis, en serre ou dans la maison, disposez-y vos godets de tourbe côte à côte, effectuez vos semis, et arrosez copieusement.
Au moment de la plantation au jardin, emportez le cageot et ne manipulez les godets que pour les mettre en terre.

S.O.S.

Mes plants se fanent dans leurs godets !
Vos plants se sont bien développés et leurs racines traversent les parois des godets. Pourtant, ils montrent des signes de fatigue… Vous avez trop attendu ! Les racines qui dépassent du godet ne trouvent pas dans l'air de quoi alimenter la plante. Installez rapidement vos plants au jardin, en prenant garde de ne pas casser ces jeunes racines lors du rebouchage du trou.

tourbe

7 Planter des lég

La plupart des légumes sont proposés en plants, dans des godets plastique. Cette présentation facile à utiliser évite tous les soucis liés au semis, et la reprise est assurée.

Quand planter ?

Plantez **les légumes à fruits de l'été,** comme les tomates, quand les gelées nocturnes ne sont plus à craindre, souvent **à partir de la mi-mai.**
Plantez **les légumes verts,** comme la laitue ou l'épinard, **au printemps,** en mars ou en avril, **ou après l'été,** en septembre.
Plantez **les choux en juin** pour une récolte en hiver, **ou en octobre** pour une récolte de printemps.
Plantez **les aromatiques en mars,** quitte à les couvrir d'un voile d'hivernage s'il fait encore froid.

Les étapes de la plantation

1. Faites tremper les godets, l'eau devant recouvrir complètement la motte, jusqu'à ce qu'il n'y ait plus de bulles à la surface. L'opération peut prendre un bon quart d'heure.

2. Pressez les côtés du godet pour sortir la motte sans abîmer les racines. Si elle est trop difficile à sortir, ne forcez pas car vous abîmeriez les racines. Découpez le godet avec une paire de ciseaux. Dans la terre ameublie, **dégagez un trou** avec le transplantoir et posez délicatement la motte pour qu'elle ne se désagrège pas.

3. Comblez de terre fine autour de la motte et **tassez** fermement avec les doigts pour bien mettre la terre en contact avec les racines.
Puis faites une petite cuvette de terre autour de chaque plant.

4. Arrosez immédiatement au goulot d'arrosoir, dans la cuvette, à raison d'environ 1 litre par plant. Le but de cet arrosage n'est pas de nourrir votre jeune plant, mais de favoriser le contact entre la terre et la motte. Par la suite, arrosez tous les jours jusqu'à ce que votre plant présente des signes de reprise (apparition de nouvelles feuilles). Arrosez ensuite pour maintenir le sol frais : la terre ne doit pas sécher.

Les outils

Un transplantoir et un arrosoir.

Bon à savoir

Si vous plantez des légumes élevés en godets de tourbe, mettez-les en terre avec leur godet. Celui-ci se décomposera sous l'action de l'humidité. Pour garantir la reprise, le sommet de la motte doit être enterré sous 2 cm de terre. Le terreau ne séchera pas au soleil et la base de la tige enterrée développera des racines qui renforceront le plant.

S.O.S.

Malgré mes arrosages, mes plants ne poussent pas !
Vous avez dû oublier de faire tremper les godets avant de les planter… Les jeunes plants de légumes sont cultivés dans un terreau à base de tourbe, difficile à humidifier quand il est sec. Même quand le plant est en terre, l'eau d'arrosage contourne la motte sans la traverser. Seule une immersion complète du godet dans l'eau permet de bien réhumecter la motte. Si vous avez déjà planté vos légumes, arrachez-les délicatement et faites tremper leurs mottes avant de les repiquer.

nes en godet

8 Récolter

C'est le moment le plus réjouissant pour le jardinier : enfin la récolte ! Faites participer toute la famille et consommez le plus rapidement possible !

Quand récolter ?

Récoltez au fur et à mesure de vos besoins, en commençant par les légumes les plus « avancés » comme disent les jardiniers, c'est-à-dire les plus mûrs. Ainsi, sur un rang de radis, ne commencez pas par le début du rang : arrachez d'abord les plus gros. Sur un pied de poivrons, ne cueillez pas systématiquement les fruits du sommet mais en priorité les plus rouges, même s'ils sont plus petits et à un étage inférieur.

Les bons gestes de la récolte

1. Arrosez la parcelle la veille de la récolte. Les légumes pourront ainsi se gorger d'eau, et les légumes racines seront beaucoup plus faciles à arracher.

2. Coupez le pied des légumes feuilles, comme les salades ou les épinards, avec un couteau. Soulevez d'une main les feuilles basses et tranchez la tige au niveau du sol.

3. Cassez le pédoncule des légumes fruits, comme les haricots ou les tomates. Pour ne pas casser ou arracher la plante entière, tenez la tige d'une main et cueillez le fruit de l'autre.

4. Soulevez les légumes racines, comme les carottes, avec une fourche à bêcher, en même temps que vous tirez sur le feuillage. Enfoncez profondément la fourche pour ne pas endommager les racines. Trempez ensuite les racines dans un seau d'eau pour les débarrasser de la terre.

Pour ne pas avoir trop de légumes à récolter en même temps, pensez à échelonner vos semis et plantations tous les 15 jours.

LES OUTILS

Une fourche.

BON À SAVOIR

En été, les légumes souffrent comme nous de la chaleur et perdent de leur eau au cours de la journée. Cueillez-les et récoltez-les donc de préférence le matin, quand ils sont encore gorgés de leur jus.
De même, les légumes arrachés ou cueillis ne sont plus alimentés en sève et perdent donc progressivement leur saveur. Efforcez-vous de les récolter le jour où vous souhaitez les consommer et conservez-les au frais en attendant de les préparer.

S.O.S.

Faites mûrir vos légumes à la maison

En fin de saison, il peut rester encore des tomates, des poivrons, etc., au jardin, et pourtant les gelées menacent. Pour ne pas perdre les derniers légumes de l'année, cueillez-les encore verts et entreposez-les dans la maison ou dans un local hors gel. Rangez-les dans des cageots ou des paniers, dans lesquels vous placerez une banane mûre. Celle-ci va dégager de l'éthylène, un gaz sans danger pour vous mais qui active la maturation des fruits.

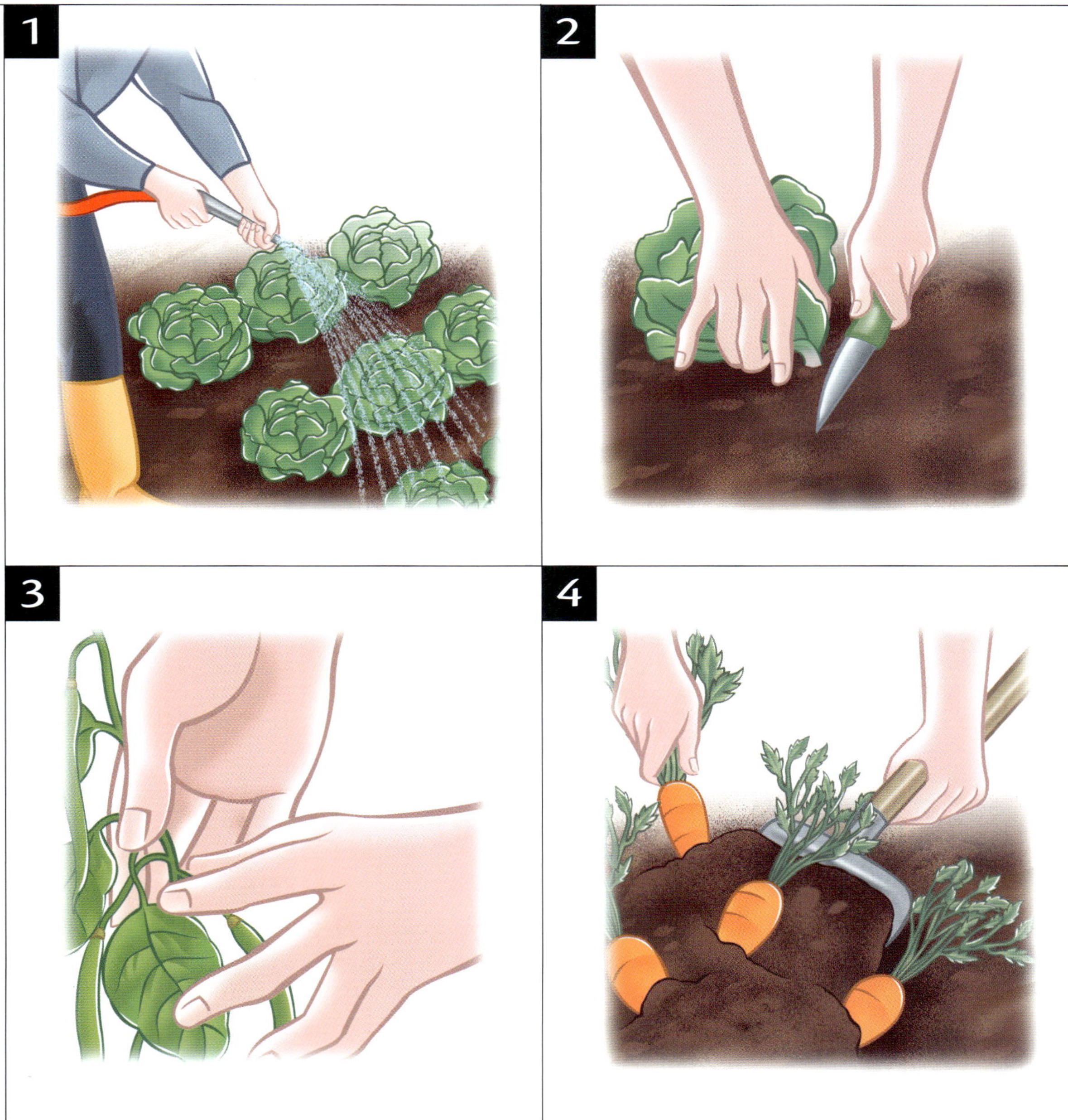
1
2
3
4

9 Arroser

LES OUTILS

Un arrosoir, un tuyau poreux, un pluviomètre et un programmateur.

BON À SAVOIR

Ce n'est pas parce que la terre est mouillée en surface que le jardin est arrosé! La terre doit en effet être humide en profondeur pour forcer les racines des légumes à descendre loin. Ils résistent ainsi plus facilement à un « arrosage oublié » et profitent de toute la nourriture présente dans le sol. Pour savoir combien d'eau est tombée sur le potager, fichez en terre un pluviomètre. Il s'agit d'un petit gobelet en plastique gradué qui vous indique le nombre de millimètres d'eau tombés par m^2. Un millimètre correspond à un litre par m^2. Un arrosage représente en moyenne 5 mm.

S.O.S.

Mes légumes n'apprécient pas mes arrosages...
En été, l'eau que vous puisez pour arroser peut être très froide par rapport à la température de la terre. Si vous l'utilisez telle quelle pour arroser vos semis et vos jeunes plants, ils peuvent ne pas apprécier ce chaud et froid, et mourir. Pensez plutôt à stocker de l'eau dans une citerne ou un grand bidon pour qu'elle prenne la température ambiante.

Arroser peut apparaître comme une corvée pour l'apprenti jardinier. Si c'est une opération importante dans la vie d'un potager, il suffit d'un peu de bon sens et de quelques astuces pour en diminuer la durée...

Quand arroser ?

Au printemps et en automne, arrosez plutôt le matin. Les nuits sont parfois fraîches et les légumes peuvent ne pas apprécier l'association de l'humidité et du froid nocturne.
En été, arrosez le soir. Non seulement il y aura moins de pertes par évaporation, mais les légumes auront toute la nuit pour se gorger d'eau et mieux supporter la journée suivante.

Les bons gestes de l'arrosage

1. La pomme de l'arrosoir doit être dirigée vers le haut. Elle permet, lors du balancement de l'arrosoir de l'arrière vers l'avant, de créer un éventail plus large. L'eau est mieux dispersée et tombe moins brutalement sur les légumes et le sol.

2. Le tuyau poreux est idéal pour les légumes qui ne supportent pas la pluie sur leur feuillage, comme par exemple les tomates. Faites serpenter le tuyau entre les pieds, raccordez-le au réseau ou simplement à une citerne (il fonctionne à très basse pression) et l'eau suintera sur toute sa longueur, là où c'est nécessaire.

3. L'arrosage en rigole permet d'irriguer rapidement de grandes longueurs. Tracez des rigoles le long d'un récent semis, d'une rangée de poireaux repiqués ou même entre les rangs de haricots déjà bien développés. Il suffit de laisser un tuyau d'arrosage ouvert à une extrémité pour que la rigole se remplisse. L'eau s'infiltre ainsi doucement en profondeur, sans gaspillage là où ce n'est pas utile.

4. Le programmateur vous affranchit de l'arrosage, que vous soyez là ou pas. Il vous suffit de pianoter sur le clavier l'heure du début de l'arrosage et sa durée, et il se déclenchera seul. Si vous êtes là, cela vous permet de faire autre chose, et, si vous êtes absent, vos légumes sont sauvés!

1
2
3
4

10 Protéger

Le gel, le vent, les insectes… Il y a de multiples raisons de protéger ses légumes. Cela ne signifie pas pour autant qu'il faille transformer son potager en camp retranché. Voici quelques astuces faciles à mettre en pratique.

LES OUTILS

Un voile d'hivernage et un châssis.

BON À SAVOIR

Arroser contre le gel: c'est une technique employée depuis longtemps par les arboriculteurs. Quand ils apprennent qu'il va geler le lendemain matin, ils arrosent entièrement leurs fruitiers le soir. Ainsi, la pellicule d'eau qui va envelopper bourgeons et jeunes rameaux va se transformer en glace et faire écran à l'air froid, même sous températures négatives! N'hésitez pas à l'appliquer sur vos arbres fruitiers qui ont déjà des bourgeons, en cas de risque de gelée.

S.O.S.

La Lune rousse est-elle si redoutable?

La Lune rousse correspond à une période d'un mois environ, à partir de la première Nouvelle Lune en avril. À cette époque, il peut faire très doux dans la journée et pourtant geler au cours de la nuit, si le ciel est complètement dégagé. Ces périodes de gel n'apparaissent que lorsque le ciel est dégagé et la Lune, donc, bien visible. Il n'en a pas fallu davantage pour que des esprits chagrins accusent la Lune des dégâts causés par le gel dans nos jardins.

Quand protéger?

Au printemps, méfiez-vous des gelées tardives et des attaques de limaces.
En été, le potager est tranquille.
En automne, attention au vent et aux bourrasques.
En hiver, gare au froid et à la neige!

Les bons gestes de protection

1. Le voile d'hivernage est la première protection contre le froid. Il s'agit d'un tissu très fin et très léger, perméable à l'air et à l'eau, vendu en différentes largeurs et longueurs. Il suffit de le poser sur les cultures potagères, les arbres fruitiers, etc., pour les mettre à l'abri des gels légers.

2. Le châssis vitré vient recouvrir les coffres en bois ou en béton, formant ainsi une mini-serre pour les jeunes plants que l'on désire « forcer » au début du printemps, alors qu'il risque encore de geler. En cas de froid intense, vous pouvez le recouvrir, la nuit, de un ou deux paillassons de seigle.

3. Des rangs d'arbres fruitiers palissés constituent au potager, outre une bonne réserve de fruits frais, des écrans naturels contre le vent, qui accentue la sensation de froid et le dessèchement de la terre. Ne choisissez pas des formes trop hautes qui feraient trop d'ombre aux légumes.

4. Le cordon de cendre de bois reste une barrière très efficace contre l'ennemi numéro 1 au potager: la limace! Gardez toujours à portée de main un seau de cendre et déposez un cordon autour de tous vos semis et jeunes plantations. Renouvelez le cordon après chaque pluie.

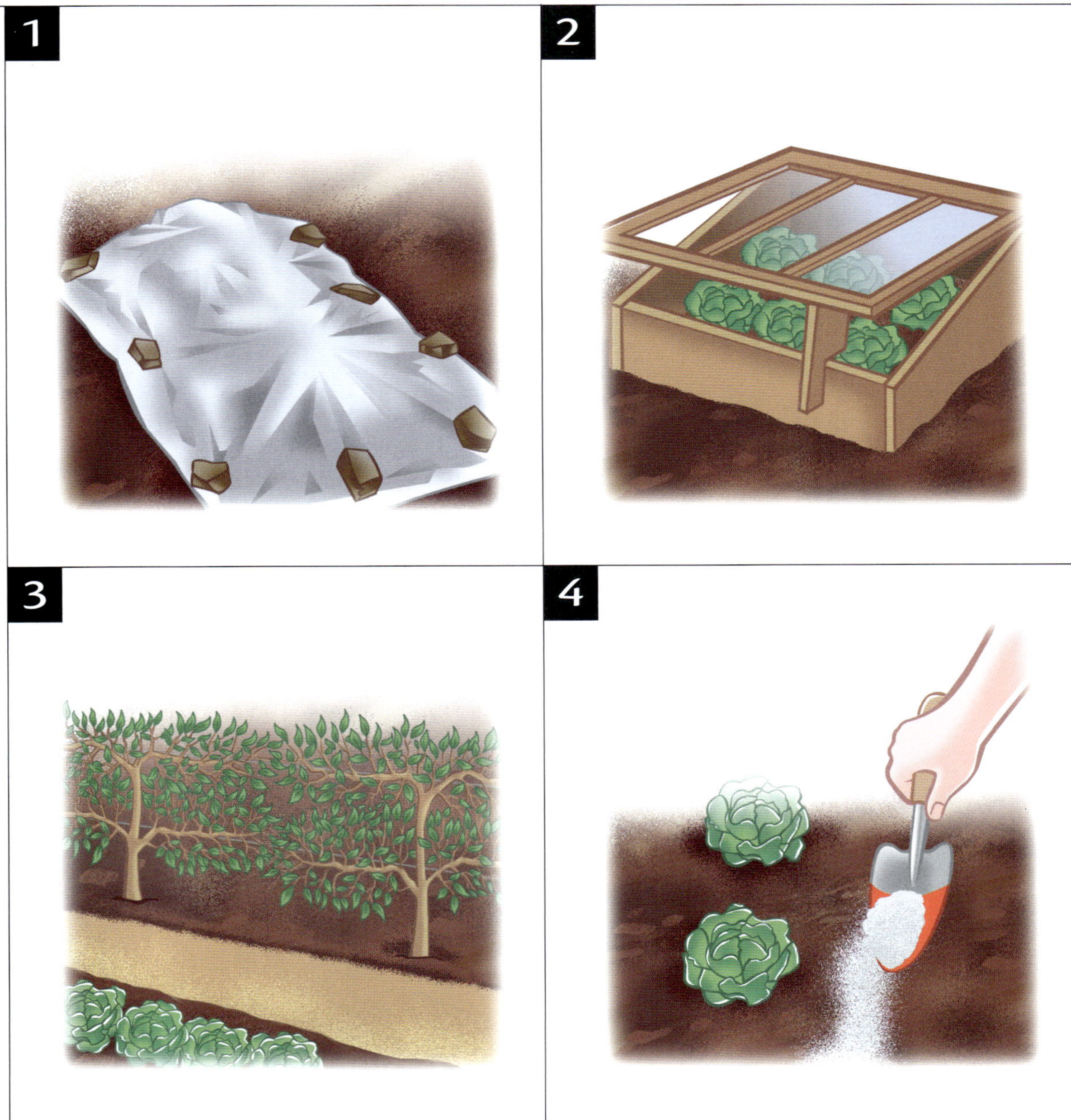
1
2
3
4

11 Traiter

À l'heure du bio et de la protection de la nature, le mot « traiter » est presque anachronique. Les traitements ne sont pas obligatoires dans un potager familial, mais ils peuvent être utiles, pour sauver une récolte.

Quand NE PAS traiter ?

Ne traitez pas **quand il fait trop froid ou trop chaud.** La plage de températures optimales est indiquée sur l'emballage.
Ne traitez pas **quand il y a du vent.** Non seulement le produit risque de ne pas atteindre la plante visée, mais vous pourriez vous exposer à d'inutiles projections.
Ne traitez pas **moins de 15 jours avant la récolte** de vos légumes, pour attendre que les effets du produit se soient dissipés.
Ne traitez pas enfin **en mangeant ou en fumant.** Vous risqueriez d'ingérer involontairement du produit.

Les étapes du traitement

1. Portez des gants et un masque et ne traitez pas en tenue de plage ! Sans enfiler une combinaison de cosmonaute, portez des vêtements à manches longues, et, pourquoi pas, une visière pour vous protéger le visage des inévitables projections.

2. Préparez le mélange dans votre pulvérisateur. Remplissez-le d'eau jusqu'à la quantité nécessaire à votre traitement. Versez dans l'appareil la quantité de produit correspondant au volume d'eau, fermez et agitez pour bien mélanger la solution. Respectez bien le dosage indiqué sur la notice : une solution trop « forte » abîmerait vos plantes.

3. Appliquez la solution sur les plantes. Commencez par le haut et visez toutes les parties : feuilles, tiges, etc. Pulvérisez le produit jusqu'à la limite du ruissellement.

4. Nettoyez votre pulvérisateur immédiatement après utilisation. Remplissez-le d'eau claire et pulvérisez cette eau de rinçage sur les plantes que vous venez de traiter. **Ne la videz jamais dans l'égout ou le fossé !** Les produits traitants sont en effet très polluants. Renouvelez l'opération 3 ou 4 fois.

Les outils

Un pulvérisateur.

Bon à savoir

Depuis la fin des années 1990, les autorités font le ménage parmi les produits de traitement. Ce tri permet de retirer du marché les produits les plus polluants ou les plus dangereux, et de réserver au jardinier amateur des produits efficaces mais moins dangereux et plus faciles à employer. Seuls sont donc autorisés à la vente au grand public les produits estampillés « Emploi autorisé dans les jardins ». Retenez enfin que les produits en doses hydrosolubles sont les plus faciles à employer.

S.O.S.

Mon traitement est sans effet !
Pour être efficaces, les traitements doivent être appliqués à une certaine époque de l'année (celle où les parasites visés sont le plus vulnérables), à une dose précise et selon une technique conseillée avec le produit. Ainsi, un traitement contre les chenilles ne sert à rien s'il est appliqué alors qu'elles sont déjà devenues papillons, ou si vous n'avez pas traité sur l'envers des feuilles… là où se cachent les chenilles. Suivre les conseils marqués sur l'emballage garantit l'efficacité du traitement !

1
2
3
4

12 Désherber

Les outils

Une serfouette ou une binette et une gouge à asperges.

Bon à savoir

Connaissez-vous la technique dite du « faux semis » ? Elle était employée jadis par nos grands-parents, mais reste efficace : ameublissez la parcelle devant être mise en culture, ratissez-la et arrosez. Toutes les graines de mauvaises herbes qui se trouvent dans la couche superficielle du sol vont germer. Attendez que les plantules atteignent 3 ou 4 cm de haut, et passez un coup de binette. Le terrain est désormais « propre » et vous pouvez semer ou planter.

S.O.S.

J'ai jeté mes mauvaises herbes au compost...

Il est conseillé de ne pas mettre les mauvaises herbes sur le compost, car, si elles sont en graines, on les réintroduit au jardin en épandant le compost. Mais comment les reconnaître ? Par ailleurs, les graines de mauvaises herbes arrivent de partout, portées par le vent... Ce n'est donc pas grave. Si vous voulez être certain de ne pas introduire de mauvaises semences dans votre compost, brûlez vos déchets de désherbage avant de jeter les cendres... au compost !

C'est la hantise du jardinier débutant ! C'est pourtant inévitable, aucune terre n'étant exempte de graines de plantes adventices. Mais il est possible de passer moins de temps à désherber en s'organisant un peu.

Quand désherber ?

C'est simple, il faut désherber **dès que les mauvaises herbes apparaissent.** Si vous attendez trop longtemps, la tâche devient une corvée. Or, les mauvaises herbes apparaissent **dès le printemps,** sur les parcelles inoccupées. Prenez-les de vitesse en couvrant le sol de paillage (ou même de cartons ou de vieilles couvertures). Vous pouvez aussi semer des « engrais verts » : ces plantes couvrantes, comme la luzerne, empêchent la pousse des mauvaises herbes.

Les bons gestes du désherbage

1. Ne laissez pas les mauvaises herbes se développer ! Au début des mises en culture, **passez tous les deux jours un coup de serfouette** ou de binette dans les rangs et entre les plants. C'est plus rapide qu'on ne le croit et très efficace.

2. Paillez vos plants dès qu'ils atteignent 10 cm de haut. Le paillage retient l'humidité du sol et évite le développement des mauvaises herbes. Au potager, utilisez des produits naturels qui se décomposent au cours de la saison : des paillettes de lin ou de chanvre par exemple. Incorporez-les à la terre après la récolte, elles la rendent facile à travailler.

3. Arrachez les mauvaises herbes à racines pivotantes avec une gouge à asperges. En effet, si vous tentez de les arracher à la main, vous allez à coup sûr casser la racine, qui va émettre une nouvelle tige.

4. Semez un engrais vert (des graines de luzerne, moutarde, lupin, phacélie ou trèfle sont disponibles en jardinerie) sur les parcelles inoccupées. Ces plantes qui couvrent bien la terre empêchent ainsi le départ de mauvaises herbes. Quand la parcelle devra être libérée, la plante que vous avez choisie pourra être fauchée et incorporée à la terre, contribuant alors à son enrichissement.

1
2
3
4

Le Calendrier

Tout ce qu'il faut faire, mois par mois

des activités de l'année

À FAIRE AU PRINTEMPS

	Mars
Ameublir	Les parcelles devant être ensemencées.
Semer	Chou de Bruxelles, chou-fleur, chou pommé, chou-rave, épinard, fève, haricot à écosser, haricot vert, laitue, laitue à couper, navet, pois, poivron, radis, roquette, salsifis, tomate. Des engrais verts dans les parcelles ne devant pas recevoir de légumes dans les semaines à venir.
Planter	Ail, ciboulette, crosne, échalote, oignon, pomme de terre, rhubarbe, sarriette, thym, topinambour.
Butter	
Traiter	Contre les limaces.
Arroser	Tous les semis, pour garder la terre fraîche.
Récolter	

ATTENTION

➔ ***Couvrez les jeunes plantations*** de mars avec un voile d'hivernage.
➔ ***Attendez plutôt mai*** pour installer les légumes fruits comme les tomates, les poivrons, les haricots, etc., car les gelées nocturnes peuvent être fatales.
➔ ***Échelonnez vos semis*** toutes les semaines pour étaler les récoltes dans le temps.
➔ ***Ne vous laissez pas déborder*** par les mauvaises herbes. Paillez systématiquement les parcelles inoccupées.

Avril	Mai
Les parcelles devant être ensemencées.	Les parcelles devant être ensemencées.
Aneth, betterave, carotte, chou de Bruxelles, chou-fleur, chou pommé, chou-rave, courgette, épinard, fenouil, haricot à écosser, haricot vert, laitue, laitue à couper, maïs, melon, navet, poireau, poirée, pois, poivron, potiron, radis, roquette, salsifis, tomate.	Betterave, carotte, chicorée, chou de Bruxelles, chou-fleur, chou pommé, chou-rave, concombre, cornichon, courgette, épinard, fenouil, haricot à écosser, haricot vert, laitue, laitue à couper, maïs, melon, navet, poireau, poirée, pois, poivron, potiron, radis, roquette, salsifis.
Artichaut, aubergine, basilic, céleri à côtes, céleri-rave, ciboulette, estragon, menthe, pomme de terre, rhubarbe, sarriette, thym, topinambour.	Aubergine, basilic, céleri à côtes, céleri-rave, estragon, pomme de terre, tomate.
Pomme de terre.	Haricot, pomme de terre.
Contre les limaces.	Contre les limaces.
Tous les semis, pour garder la terre fraîche.	Les semis et les plantations.
Laitue à couper, radis.	Asperge, chou-rave, ciboulette, épinard, fève, haricot vert, laitue, laitue à couper, navet, pois, radis, rhubarbe, roquette.

Deux potagers de printemps | *Modèle*

Les premières plantations

Vous vous lancez dans la réalisation d'un potager ? Ces deux modèles de 30 m² vous aideront à choisir vos plantes à chaque saison. Le premier, le plus classique, ménage deux grandes parcelles. Le second offre un patchwork de petites planches. À vous de choisir l'un des deux et de l'adapter à vos goûts, votre région et votre jardin…

1. Le potager tout simple

Comment faire ?

1. **Plantez un pied de lupin vivace près des framboisiers** : il est réputé pour éloigner le ver de la framboise.
2. **Plantez les tomates** au pied des tuteurs quand tout risque de gelée est écarté.
3. **Placez l'ail près des tomates** pour qu'il les protège des maladies.
4. **Semez les radis en mars** et récoltez-les au fur et à mesure, 4 à 5 semaines plus tard.
5. **Semez les poireaux et les choux** en pépinière. Vous les repiquerez à leur emplacement définitif en été.
6. **Séparez les aromatiques en deux massifs** : l'un avec le persil et le basilic, qui ont besoin de fraîcheur permanente, l'autre avec les plantes se contentant de peu comme la sarriette, le thym ou la ciboulette.
7. **Plantez les pommes de terre** : inutile d'échelonner les plantations, elles se conservent bien après récolte.
8. **Semez un rang de haricots verts nains** tous les 15 jours pour échelonner les récoltes.
9. **Semez les laitues** près des haricots, avec lesquels elles partagent les mêmes besoins en fraîcheur. Protégez-les des limaces avec de la cendre de bois ou des granulés anti-limaces.

Bon à savoir

Les pommes de terre et les haricots peuvent souffrir des gelées printanières. Couvrez-les avec un voile d'hivernage ou avec des cloches individuelles.

Taillez les aromatiques tendres comme le persil, le basilic et la ciboulette : coupez la moitié de la touffe au ras du sol pour qu'elle émette des jeunes pousses.

Remuez le tas de compost pour l'aérer et favoriser le processus de décomposition, qui est relancé par l'augmentation de la température.

2. Le potager patchwork

Comment faire ?

1. **Palissez les arbustes fruitiers** car c'est le moment où ils émettent de nouvelles branches. Attachez-les sur leurs supports au fur et à mesure de leur croissance.
2. **Regroupez les aromatiques selon leurs besoins** : d'un côté celles nécessitant de la fraîcheur permanente (persil, basilic), et de l'autre celles se contentant de peu (sarriette, thym, ciboulette).
3. **Installez les tomates** au pied des après les dernières gelées.
4. **Plantez les aubergines et les poivrons** au pied des tuteurs et paillez la terre à leur pied pour les protéger du froid. Utilisez un produit foncé, comme de la coque de cacao : il se réchauffera plus vite au soleil.
5. **Installez les courgettes** en réservant un espace de 1 m² pour chaque pied, car ces plantes sont très envahissantes.
6. **Plantez les laitues.** Achetez des plants, pour une récolte plus rapide qu'avec les graines, et préservez-les des limaces.
7. **Faites vos semis de radis en mars**, récoltez 4 à 5 semaines plus tard.
8. **Semez les poireaux** en pépinière. Vous repiquerez les plants les plus robustes en été.
9. **Placez l'ail près des carottes**, dont il repousse les maladies.
10. **Semez les graines de carottes en avril.**

Bon à savoir

Avant de planter les légumes comme les tomates, les poivrons ou les aubergines, commencez par ficher en terre les tuteurs. Plantez vos légumes au pied de chacun d'eux, du côté exposé au sud.

Ne laissez pas la terre nue ! Épandez sur toutes les planches inoccupées une couche de paillage ou de compost de 8 à 10 cm d'épaisseur.

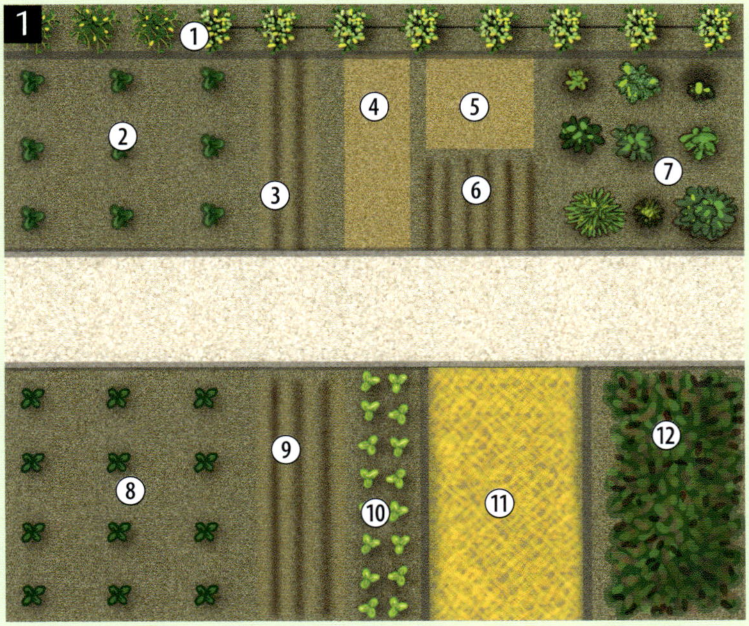

1. Le potager tout simple

Quels légumes choisir ?

❶ **Des groseilliers,** *Ribes rubrum* 'Junifer' (3 arbustes) et des **framboisiers,** *Rubus idaeus* 'Héritage' (8 arbustes).
❷ **Des tomates,** *Lycopersicon esculentum* 'Roma' (3 rangs de 3 pieds).
❸ **De l'ail,** *Allium sativum* 'Violet de Cadours' (2 rangs de 10 têtes).
❹ **Des radis,** *Raphanus sativus* 'Mirabeau' (1 m² environ, à la volée).
❺ **Des poireaux,** *Allium porrum* 'Bleu de Solaise' (0,5 m² à la volée, en pépinière).
❻ **Des choux pommés,** *Brassica oleracea* 'Gros des Vertus' (0,5 m² à la volée, en pépinière).
❼ **Des aromatiques** (2 m²).
❽ **Des pommes de terre,** *Solanum tuberosum* 'Sirtema' (3 rangs de 4 plants).
❾ **Des haricots verts nains,** *Phaseolus vulgaris* 'Novirex' (3 rangs de 2 m).
❿ **Des laitues,** *Lactuca sativa* 'Appia' (2 rangs de 8 plants).

Et aussi
⓫ Un paillis.
⓬ Un tas de compost.

2. Le potager patchwork

Quels légumes choisir ?

❶ **Des poiriers,** *Pyrus communis* 'Williams' et 'Conférence' (1 arbuste de chaque variété), et **des pommiers,** *Malus communis* 'Delbarestivale' et 'Golden Delicious' (1 arbuste de chaque variété).
❷ **Des aromatiques.**
❸ **Des tomates,** *Lycopersicon esculentum* 'Roma' et 'Sweet Cent', une variété de tomates-cerises (1 rang de 5 pieds pour chaque variété).
❹ **Des aubergines,** *Solanum melongena* 'Black Beauty' (1 rang de 5 pieds).
❺ **Des poivrons,** *Capsicum annuum* 'Choco' (1 rang de 5 pieds).
❻ **Des courgettes,** *Cucurbita pepo* 'Verte des Maraîchers' (2 plants).
❼ **Des laitues,** *Lactuca sativa* 'Appia' (4 rangs de 4 plants).
❽ **Des radis,** *Raphanus sativus* 'Mirabeau' (1 m² environ, à la volée).
❾ **Des poireaux,** *Allium porrum* 'D'hiver de St Victor' (0,5 m² à la volée).
❿ **De l'ail,** *Allium sativum* 'Violet de Cadours' (4 rangs de 10 têtes).
⓫ **Des carottes,** *Daucus carota* 'Juwarot' (3 rangs).

Et aussi
⓬ Un tas de compost.

Mars | *Tour de main* | **OUTILS :** une houe ou un plantoir à bulbes.

6-8 euros pour 60 plants germés

15' pour 20 tubercules

Planter des pommes de terre

La plantation des pommes de terre est un des gestes les plus simples à réaliser. C'est un légume impossible à rater et valorisant pour l'amateur car la production est garantie. On dit par ailleurs que planter des pommes de terre « nettoie » le terrain, car elles empêchent la pousse des mauvaises herbes.

Quelles variétés choisir ?

Difficile de s'y retrouver : près de 150 variétés sont disponibles à la vente en France. Il existe celles dites « de consommation », dont la chair farineuse et plus sèche a tendance à se désagréger ou à éclater lors de la cuisson. C'est la patate à frites, à purée ou à potage. En revanche, les variétés à chair ferme, fine et peu farineuse ne se délitent pas à la cuisson. Retenez-les pour les salades composées et les pommes sautées ou préparez-les en robe des champs (cuites à l'eau avec la peau). N'achetez enfin que des plants germés, produits à partir de plants certifiés et garantis indemnes de maladies.

Comment faire ?

1. **Ameublissez la terre,** qui doit être tiède et bien sèche pour accueillir les tubercules. Le cas échéant, retardez votre plantation de quelques jours. Si votre terre est toujours mouillée, plantez en billons, c'est-à-dire en plaçant les pommes de terre dans une bande de terre surélevée.
2. **Tendez un cordeau** pour matérialiser vos rangées. Le long du cordeau, d'un coup de houe ou à l'aide d'un plantoir à bulbes, **faites un trou** d'environ 12 cm de profondeur, tous les 50 cm. **Placez-y un tubercule,** germe en l'air.
3. **Recouvrez de terre fine et tassez** en prenant soin de ne pas écraser ou casser le germe. Arrosez pour bien mettre la terre en contact avec le plant.

Et après ?

Un mois plus tard environ, quand les plants atteignent une quinzaine de centimètres de haut, remontez la terre le long des tiges sur 10 cm. On appelle cela « butter ». Sous cette butte, de nouvelles racines porteuses de tubercules vont apparaître. Épandez enfin sur le sol une couche de 10 cm de paillage. Récoltez 3 à 4 mois plus tard, quand le feuillage jaunit.

Bon à savoir

Si des risques de gelées sont encore à craindre après la plantation, couvrez votre parcelle avec un voile d'hivernage. Les plantules le soulèveront sans difficulté.

Gestes de base
Ameublir la terre p. 10
Récolter p. 22
Protéger p. 26
Catalogue
Pomme de terre p. 98
Dictionnaire
Billon p. 104
Butter p. 105
Voile d'hivernage p. 113

Mars *Coup de cœur* **OUTILS :** une houe, une bêche ou une Grelinette.

11 euros
les 100 grammes

30'

Le crosne : original et savoureux

Son feuillage ressemble à celui de la menthe et le goût de ses petits rhizomes évoque celui de l'artichaut. Il faut attendre 8 mois pour le récolter, mais quel régal avec une viande blanche…

Comment le cultiver ?

1. **Ameublissez la terre** en lui incorporant du compost (environ une brouette par m²) pour la rendre plus légère. Faites des poquets (c'est-à-dire des trous de plantation) tous les 40 cm et déposez-y 3 ou 4 tubercules.
2. **Couvrez de terre fine et arrosez** pour bien mettre la terre en contact avec les rhizomes. Vous devez maintenir la terre fraîche jusqu'à la récolte : arrosez dès que la surface sèche et épandez sur la parcelle une couche de 5 cm d'épaisseur de paillettes de lin ou de chanvre.
3. En juin, **buttez les plants** pour augmenter la production : formez une petite butte de terre autour de chaque pied de crosne.
4. Récoltez au fur et à mesure de vos besoins, quand le feuillage se dessèche, généralement en novembre, environ **8 mois après la plantation.**

Et après ?

Pour récolter les rhizomes, soulevez la souche avec une fourche et ramassez-les un à un à la main. N'en laissez pas dans le terrain, car ils repousseraient de manière envahissante lors du printemps suivant !

Une bonne manière de le déguster

Le crosne produit des petits rhizomes torsadés, à peine gros comme un petit doigt. Ils se récoltent à l'automne et se consomment immédiatement. La peau des rhizomes est très fine, on ne les épluche donc pas. Et heureusement, car leur forme boursouflée rendrait la tâche fastidieuse ! Frottez-les simplement dans un linge humide avec du gros sel. Jetez-les dans une poêle avec un morceau de beurre demi-sel, couvrez d'eau et laissez cuire doucement jusqu'à évaporation.

Bon à savoir

Les plants de crosnes ne sont pas faciles à trouver dans le commerce traditionnel (Jardineries, pépinières…). Pour vous en procurer, il vaut mieux chercher dans les catalogues spécialisés (voir les adresses de vente par correspondance en fin d'ouvrage).

Gestes de base
Ameublir la terre p. 10
Récolter p. 22
Dictionnaire
Butter p. 105
Poquet p. 112

9 euros

10'

Prévenir les attaques de limaces

Limaces et escargots ont beau se déplacer très lentement, ce sont de redoutables ravageurs quand ils attaquent en nombre ! Prenez les devants en les piégeant avant qu'ils n'atteignent vos légumes...

Comment les repérer ?

Limaces et escargots se manifestent en conditions humides, après une pluie ou un arrosage. Ils apprécient particulièrement les paillages, car ils peuvent s'y cacher au frais. L'arrosage localisé limite les zones humides et, donc, leur progression. Les limaces les plus virulentes ne sont pas les grosses orange de 8 cm de long, faciles à distinguer. Ce sont plutôt les petites, noires, et qui agissent la nuit. Vous ne les voyez pas, mais vous en apercevez les dégâts : les feuilles sont saines et bien vertes, mais comme broutées À ce stade, l'épandage de granulés est obligatoire, particulièrement au pied des légumes, où elles se réfugient en attendant la nuit suivante !

Comment protéger ses plantations ?

1. **Maintenez au jardin carabes, crapauds et orvets.** Ces animaux inoffensifs se nourrissent entre autres de limaces
2. **Épandez un cordon de cendre de bois** de 10 cm de large autour des cultures à protéger. Escargots et limaces ne traversent pas la cendre, dans laquelle ils se déshydratent et s'étouffent. À renouveler après chaque pluie ou arrosage.
3. À proximité du rang convoité, **enterrez jusqu'au niveau du sol un récipient à bords lisses, rempli à moitié de bière.**

3

2

4

Les limaces aiment la bière et vont s'y noyer. Couvrez le récipient pour en empêcher l'accès aux chats, qui aiment aussi la bière...

4. **Épandez des granulés anti-limaces** à base de phosphate de fer (Ferramol par exemple). Ils sont aussi efficaces que ceux à base de métaldéhyde, mais sans danger pour chiens et chats.

Gestes de base
Protéger p. 26
Catalogue
Rhubarbe p. 95
Dictionnaire
Parasites et maladies p. 110

Coup de cœur

Outils : un transplantoir, une bêche ou une Grelinette.

1-2 euros par plant

20' pour 4 plants

L'artichaut, beau et bon à la fois

Coluche affirmait que l'artichaut était un vrai plat de pauvre, car on en avait plus dans son assiette à la fin du repas qu'au début. Au-delà de ce trait d'humour, l'artichaut est un légume facile à cultiver et qui vous gratifiera d'une superbe floraison.

Pourquoi l'aimer ?

L'artichaut est un légume vivace qui reste en place de 3 à 5 ans. Il ne demande donc guère de travail chaque année. Ensuite, sa production décline progressivement.

Chaque pied forme 4 ou 5 fleurs par an. C'est le bouton floral que l'on cueille, avant son épanouissement, et ses bractées que l'on mange. Mais rien ne vous empêche de garder un pied juste pour ses magnifiques fleurs violettes.

Comment faire ?

1. Vous pouvez acheter du plant dans le commerce. Mais le plus simple est de prélever des œilletons sur une souche existante, chez un voisin par exemple. **Soulevez les grandes feuilles pour repérer les « bébés artichauts »** qui se développent à l'extérieur de la touffe.
2. **Dégagez la terre** sur 10 cm de profondeur autour de l'œilleton.
3. **Introduisez le transplantoir verticalement entre l'œilleton et la plante mère,** pour décoller le jeune plant. Il doit posséder au moins 4 ou 5 racines blanches et quelques feuilles.

4. **Ameublissez la terre** à la bêche, en lui incorporant beaucoup de compost (une brouette rase par m²).
5. **Faites un trou gros comme le poing** et réservez 1 m² d'espace libre autour.
6. **Habillez le plant et installez-le dans le trou** sur toute sa partie blanche. Si vous avez acheté des plants, placez simplement la motte dans le trou. **Ménagez une cuvette** autour et **arrosez** copieusement (un arrosoir par plant). Maintenez frais en arrosant tous les jours jusqu'aux premiers signes de reprise, puis couvrez la terre de coques de cacao. Récoltez de juin à septembre.

Comment le déguster ?

Quand ils ne font que 4 ou 5 cm de diamètre, les tendres petits artichauts se consomment crus, à la croque-au-sel ou à la vinaigrette.

Gestes de base
Ameublir la terre p. 10
Dictionnaire
Bractée p. 104
Habiller p. 107
Œilleton p. 108
Plante mère p. 111
Transplantoir p. 113

Avril | *Modèle* | **OUTILS :** une griffe, une binette, un plantoir ou un transplantoir.

L'époque des plantations

Au printemps, les tons vert tendre dominent au potager. C'est le moment d'acheter des légumes à planter au jardin ou de repiquer ceux que vous avez semés sous abri.

Quels légumes choisir ?

❶ Des tomates : *Lycopersicon esculentum* (5 à 10 plants) 'Roma', à chair ferme, ou 'Rose de Berne', plus sucrée.

❷ Des melons : *Cucumis melo* (3 à 5 plants) 'Fidji' ou 'Petit Gris de Rennes', parmi les variétés les plus sucrées.

❸ Des pommes de terre : *Solanum tuberosum* (60 plants) 'Charlotte', à chair ferme, ou 'Bintje', pour la purée ou les frites.

❹ Des aromatiques (2 pieds de chaque) : ciboulette, basilic, estragon, aneth... Choisissez selon vos goûts.

Comment faire ?

1. **Ameublissez la terre** à la griffe, ou avec un outil type Grelinette. Cette opération n'est pas nécessaire si vous avez paillé le sol en hiver.
2. **Installez tuteurs, allées et paillis** avant de planter quoi que ce soit.
3. **Plantez les tomates** après les dernières gelées. Installez chaque plant au pied d'un solide tuteur qui ne pliera pas sous le poids des fruits. Maintenez la terre fraîche grâce à un paillage, pour assurer la reprise. Une semaine après le repiquage, guidez et attachez les tiges sur les tuteurs.
4. **Repiquez les melons** semés sous abri. Attention, ils craignent eux aussi les gelées (encore plus que les tomates !). Épandez à leur pied un paillage foncé (plastique noir ou coques de cacao), qui absorbera la chaleur.
5. **Plantez les pommes de terre** et buttez-les quand les plants atteignent une vingtaine de centimètres de haut.
6. **Plantez les aromatiques annuelles** comme le basilic ou l'estragon. Les vivaces (thym, menthe, romarin) restent en place plusieurs années, mais c'est le moment d'en installer de nouvelles.
7. **Arrosez abondamment** après chaque plantation, pour bien mettre la terre en contact avec les racines.

Et après ?

Maintenez le sol frais, car les jeunes plants sont très sensibles à la sécheresse. Épandez des granulés (du Ferramol par exemple) contre les limaces.

Gardez la binette à portée de main contre les mauvaises herbes, ou couvrez les parcelles nues de paillis.

Bon à savoir

Planches de récupération, dalles de béton ou de plastique, permettent de constituer des allées provisoires, faciles à déplacer en fonction des besoins.

Gestes de base
Ameublir la terre p. 10
Repiquer p. 16
Planter des légumes en godet p. 20
Désherber p. 30
Catalogue
Ciboulette p. 78
Estragon p. 80
Melon p. 85
Menthe p. 92
Pomme de terre p. 98
Sarriette vivace p. 97
Thym p. 99
Tomate p. 90
Dictionnaire
Butter p. 105
Mauvaises herbes p. 108
Paillage p. 110
Parasites et maladies p. 110

OUTILS : un transplantoir, une bêche ou une Grelinette, un tuteur et une massette.

0,50-1 euro par godet

30' pour 10 plants

Planter des tomates

En mai, généralement après les saints de glace (les 11, 12 et 13 mai), c'est le moment de planter les tomates, qu'il s'agisse de vos propres semis ou de plants achetés en Jardinerie. Vous pensez déjà au plaisir de cueillir vos fruits juteux, dans 3 mois...

Bien choisir ses plants

Un bon plant de tomate mesure 15 cm de hauteur et sa tige a le diamètre d'un crayon. La plupart des variétés disponibles dans le commerce se valent, mais ne vous laissez pas abuser par des plants malingres, hauts de 30 cm, avec parfois déjà une fleur. Ils n'offrent pas plus de garantie de reprise ou de production abondante que les autres.

Comment faire ?

1. **Ameublissez bien la terre et incorporez du compost** à raison d'un sac de 25 litres par m².
2. **Tendez un cordeau** pour vous aider à planter droit.
3. **Fichez en terre un tuteur tous les 50 cm.** Il doit dépasser de terre de 1,50 m. Bannissez les tuteurs en plastique gros comme le doigt, car, au mois d'août, ils vont plier sous le poids des fruits. Préférez les tuteurs en métal, ou en bois de grosse section.
4. Devant chaque tuteur, **faites un trou avec le transplantoir,** de la profondeur de la lame. S'il y a des orties à proximité, hachez quelques feuilles et jetez-les au fond du trou. Elles protégeront les tomates contre les maladies.
5. Si vos plants sont en godets de tourbe, plantez-les tels quels. S'ils sont en godets plastique, faites-les tremper pendant un quart d'heure puis retirez-les du godet. **Déposez la motte au fond du trou,** quitte à ce que la base de la tige soit enterrée sur 5 cm environ. De nouvelles racines vont se développer à cet endroit, renforçant la vigueur du plant.
6. **Recouvrez de terre fine et arrosez immédiatement** pour bien mettre la terre en contact avec les racines. **Épandez**

5

7

une couche de paillettes de lin, et faites serpenter un tuyau poreux entre les plants, afin d'arroser par la suite sans mouiller le feuillage.
7. **Posez un lien,** sans serrer, au fur et à mesure de la croissance du plant.

Gestes de base
Ameublir la terre p. 10
Planter des légumes en godet p. 20
Arroser p. 24
Catalogue
Tomate p. 90
Dictionnaire
Compost p. 105
Godet p. 107
Paillage p. 110
Saints de glace p. 113

À FAIRE EN ÉTÉ

Juin	
Ameublir	Les parcelles devant être ensemencées.
Semer	Carotte, chicorée, chou pommé, chou-rave, concombre, cornichon, haricot à écosser, haricot vert, laitue, laitue à couper, maïs, navet, persil, pois, radis, roquette.
Butter	Crosne, haricot.
Planter	Poireau.
Traiter	Contre les limaces et les chenilles. Paillez les poireaux.
Arroser	Les semis et les plantations.
Récolter	Aneth, asperge, basilic, chou-rave, ciboulette, courgette, épinard, estragon, fève, fraise, framboise, haricot à écosser, haricot vert, laitue, laitue à couper, navet, oignon, poirée, pois, pomme de terre, radis, rhubarbe, roquette.

ATTENTION

➔ ***En juin, protégez les cassissiers*** des oiseaux en les recouvrant avec un filet.
➔ ***Taillez les framboisiers*** après la première récolte de juin.
➔ ***Couvrez le cœur de la chicorée*** en août pour le faire blanchir.
➔ ***Soyez vigilant avec l'arrosage.*** Installez un système d'arrosage automatique pour maintenir la terre humide.
➔ ***Vérifiez que les mois de récoltes ne tombent pas pendant vos vacances*** ou vos périodes d'absence avant de vous lancer dans des semis

Juillet	Août
Les parcelles devant être ensemencées.	Les parcelles devant être ensemencées.
Carotte, chicorée, chou-rave, claytone, haricot vert, laitue à couper, radis, roquette.	Laitue à couper, mâche, radis, roquette.
	Céleri à côtes.
Contre les limaces et les chenilles. Paillez la betterave.	
Les semis et les plantations.	Les nouveaux semis.
Ail, aubergine, basilic, carotte, cassis, chou pommé, chou-rave, ciboulette, courgette, échalote, épinard, estragon, fraise, framboise, groseille, haricot à écosser, haricot vert, laitue, laitue à couper, maïs, menthe, navet, oignon, poirée, pois, pomme de terre, potiron, radis, roquette.	Aubergine, betterave, carotte, céleri à côtes, chicorée, chou-fleur, chou pommé, chou-rave, ciboulette, concombre, cornichon, échalote, fenouil, fraise, framboise, groseille, haricot à écosser, haricot vert, laitue, laitue à couper, maïs, menthe, navet, poirée, pois, poivron, pomme de terre, potiron, radis, roquette, sarriette, thym, tomate.

Deux potagers d'été | *Modèle*

Le temps des récoltes et des arrosages

L'été, c'est la saison où tombent les récompenses des efforts du printemps. Les tâches essentielles se partagent entre récoltes et arrosages. Si vous avez bien échelonné vos semis et plantations, vous ne devriez pas être débordé.

1. Le potager tout simple

Comment faire ?

1. **Récoltez les groseilles** en juin, puis n'intervenez plus sur les groseilliers avant l'hiver, où il faudra les tailler. **Après la récolte des framboises,** en juillet, coupez à ras les tiges des framboisiers qui ont fructifié.
2. **Récoltez les tomates** au fur et à mesure. Supprimez les feuilles qui font de l'ombre aux fruits.
3. **Récoltez l'ail** en juillet, quand son feuillage a jauni.
4. **Paillez les planches de poireaux** avec des paillettes de lin ou de chanvre, pour retenir la fraîcheur de la terre.
5. **Plantez les choux** à la place des radis et des plants en pépinière. Pralinez leurs racines avec une bouillie de lithothamne, avant de les planter, pour faciliter leur reprise. Arrosez copieusement après la plantation.
6. **Récoltez les feuilles des aromatiques** au fur et à mesure de vos besoins. Arrosez régulièrement celles qui ont besoin de fraîcheur : basilic, persil, menthe… et paillez-les.
7. **Récoltez les pommes de terre** quand leur feuillage a jauni.
8. **Après la récolte des haricots semés au printemps,** arrachez les fanes et plantez à la place des laitues et de nouveaux rangs de haricots verts.

Bon à savoir

Ne jetez pas directement au compost les fanes de haricots et de pommes de terre après la récolte, car elles peuvent abriter des maladies. Brûlez-les, puis incorporez-les au compost.

Coupez à ras la moitié des touffes de persil, de basilic et de ciboulette pour les forcer à émettre de nouvelles jeunes pousses.

2. Le potager patchwork

Comment faire ?

1. **Récoltez les poires** 'Williams' **et les pommes** 'Delbardestivale'. Les autres variétés se récoltent en septembre.
2. **Paillez basilic, persil, menthe, etc.,** qui ont besoin de fraîcheur et arrosez-les régulièrement pendant l'été.
3. **Mettez les tomates-cerises** 'Sweet Cent' **en bocaux** avec de l'huile d'olive, pour les conserver jusqu'à Noël.
4. **Plantez les laitues** au pied des tomates au début de l'été et récoltez-les 4 à 5 semaines plus tard.
5. **Récoltez les aubergines** et **les poivrons** au fur et à mesure de leur maturité.
6. **Semez les épinards** au pied des poivrons, pour qu'ils profitent de leur ombre.
7. **Récoltez les courgettes** quand elles atteignent 20 cm de long.
8. **Plantez les poireaux** à l'emplacement des laitues de printemps, déjà récoltées.
9. **Semez une nouvelle planche de radis** pour remplacer la première vague de semis au printemps, déjà récoltée.
10. **Semez les choux pommés** en pépinière. Vous les mettrez en place à l'automne.
11. **Semez la mâche** à la place de l'ail. Ne travaillez pas la terre après avoir arraché l'ail, mais tassez-la avec le dos du râteau et semez sur ce sol ferme.
12. **Arrachez les carottes** au fur et à mesure de vos besoins.

Bon à savoir

Ne laissez pas la terre nue ! Épandez sur toutes les planches inoccupées une couche de paillage ou de compost de 8 à 10 cm d'épaisseur.

Remuez le tas de compost pour l'aérer et mélanger les nouveaux déchets.

1. Le potager tout simple

Quels légumes choisir ?

❶ **Des groseilliers**, *Ribes rubrum* 'Junifer' (3 arbustes), et **des framboisiers**, *Rubus ideaus* 'Héritage' (8 arbustes).
❷ **Des tomates**, *Lycopersicon esculentum* 'Roma' (3 rangs de 3 pieds).
❸ **De l'ail**, *Allium sativum* 'Violet de Cadours' (2 rangs de 8 têtes).
❹ **Des poireaux**, *Allium porrum* 'Bleu de Solaise' (2 rangs de 8 plants).
❺ **Des choux pommés**, *Brassica oleracea* 'Gros des Vertus' (2 rang de 3 plants).
❻ **Des aromatiques.**
❼ **Des pommes de terre**, *Solanum tuberosum* 'Sirtema' (3 rangs de 4 plants).
❽ **Des laitues**, *Lactuca sativa* 'Merveille des 4 Saisons' (2 rangs de 8 plants).
❾ **Des haricots verts nains**, *Phaseolus vulgaris* 'Novirex' (4 rangs).

Et aussi

❿ Un tas de compost.

2. Le potager patchwork

Quels légumes choisir ?

❶ **Des poiriers**, *Pyrus communis* 'Williams' et 'Conference' (1 de chaque), et **des pommiers**, *Malus communis* 'Delbardestivale' et 'Golden Delicious' (1 de chaque).
❷ **Des aromatiques.**
❸ **Des tomates**, *Lycopersicon esculentum* 'Roma' et 'Sweet Cent' (5 pieds de chaque).
❹ **Des laitues**, *Lactuca sativa* 'Merveille des 4 Saisons' (1 rang de 12 plants).
❺ **Des aubergines**, *Solanum melongena* 'Black Beauty' (1 rang de 5 pieds).
❻ **Des poivrons**, *Capsicum annumm* 'Choco' (1 rang de 5 pieds).
❼ **Des épinards**, *Spinacia oleracea* 'Whitney' (1 rang de 12 plants).
❽ **Des courgettes**, *Cucurbita pepo* 'Verte des Maraîchers' (2 pieds).
❾ **Des poireaux**, *Allium porrum* 'D'hiver de St Victor' (3 rangs de 8 pieds).
❿ **Des radis**, *Raphanus sativus* 'Mirabeau' (1 m^2, à la volée).
⓫ **Des choux pommés**, *Brassica oleracea* 'Gros des Vertus' (0,5 m^2, à la volée).
⓬ **De la mâche**, *Valerianella locusta* 'À grosse graine' (0,5 m^2, à la volée).
⓭ **Des carottes**, *Daucus carota* 'Juwarot' (3 rangs).

Et aussi

⓮ Un tas de compost.

Juin *Tour de main*

Outils : un plantoir conique, un sécateur, une bêche ou une Grelinette.

8 euros environ pour 50 poireaux

20' pour 50 poireaux

Planter des poireaux

Si vous avez pu semer du poireau en avril, c'est le moment de le repiquer à sa place définitive jusqu'à la récolte. Sinon, vous pouvez aussi acheter du plant sur le marché ou en jardinerie.

Comment choisir ses plants ?

Sachez que, si vous trouvez parfois du poireau en godet, il est le plus souvent proposé en botte de jeunes plants avec leurs racines à l'air. Ce n'est ni un oubli ni une facétie du producteur. L'expérience prouve en effet que le poireau se développe mieux s'il a été repiqué. Le stress de l'arrachage suivi de la coupe d'une partie de ses racines doit le stimuler. N'hésitez donc pas à acheter ces plants, même s'ils paraissent fatigués, car la reprise est le plus souvent garantie. La plupart des variétés que l'on trouve en jardinerie donnent de bons résultats.

Comment faire ?

1. **Ameublissez bien la terre et incorporez du compost** à raison d'un sac de 25 litres par m². Tendez un cordeau pour vous aider à planter droit.
2. **Habillez les plants** avec le sécateur : coupez les racines à 2 cm de longueur, puis le feuillage à 5 cm.
3. **Faites un trou** avec le plantoir et **introduisez le plant** jusqu'à sa partie verte.

3

Bornez fermement : faites un deuxième trou derrière le plant et poussez le plantoir vers l'avant pour bien tasser la terre au pied du plant. **Arrosez** au goulot, plant par plant, dans le trou de bornage. Comptez 12 à 15 cm entre chaque plant, et 20 cm entre deux rangs.

4. Pour garder la terre fraîche, **épandez une couche de paillettes de lin** ou de chanvre de 10 cm d'épaisseur sur toute la parcelle.

Bon à savoir

Si le plant est issu de votre semis, il est peut-être parasité par la larve de la teigne, dite « du poireau » et vous ne le savez pas ! Pour détruire cet intrus, deux parades : immerger 10 minutes les plants habillés dans une solution d'eau de Javel à 10 %, ou bien les laisser sur le sol et au soleil pendant 2 jours, juste après l'arrachage. Attention, protégez-les aussi de l'appétit des limaces !

Gestes de base
Ameublir la terre p. 10
Repiquer p. 16
Catalogue
Poireau p. 77
Dictionnaire
Borner p. 104
Compost p. 105
Habiller p. 107
Paillage p. 109
Parasites et maladies p. 110

Outils : un râteau, une fourche ou une Grelinette.

1,5-2,5 euros le sachet

10'

Une aromatique incontournable : le persil

Le persil est réputé pour être difficile à réussir. En réalité, sa levée est simplement longue et il faut parfois savoir attendre 4 semaines avant de le voir sortir de terre…

Quelles variétés choisir ?

Il existe quelques variétés à feuilles plates et quelques autres à feuilles frisées. Le persil frisé est plus agréable en bouche, mais le persil plat est nettement plus parfumé ! En fin de saison, le frisé résiste davantage aux frimas. L'idéal est en fait de cultiver plusieurs variétés pour ne jamais manquer.

Les limaces adorent le persil ! Ne lésinez donc pas sur les parades pour les éloigner. Cette aromatique est déjà longue à lever, il ne faudrait pas que vous n'en voyiez pas la couleur…

Comment le cultiver ?

1. **Ameublissez la terre** le long d'une allée et tracez un sillon profond d'à peine un demi-centimètre de large avec le manche du râteau.
2. **Arrosez le fond du sillon. Semez** sans trop serrer. Ce n'est pas difficile, car les graines ne sont pas très fines.
3. **Recouvrez d'une fine couche de terreau** (quelques millimètres) et **tassez** avec le dos du râteau.
4. **Arrosez** et conservez le sol frais : pour cela, **étalez sur le sillon une toile de jute** ou une canisse de bambous fins qui maintiendra la terre à l'ombre.
5. Au bout d'une vingtaine de jours, **soulevez quotidiennement** la protection pour surveiller la levée. **Dès l'apparition des plantules, retirez-la.**
6. **Cueillez les jeunes feuilles** au fur et à mesure de vos besoins, en les coupant au ras du sol.

Gestes de base
Ameublir la terre p. 10
Semer en place p. 12
Protéger p. 26
Dictionnaire
Parasites et maladies p. 110
Plantule p. 111

Bon à savoir

Essayez le persil en ruban, rapide et avec une réussite assurée. Il s'agit d'une bande de papier double épaisseur, comme du papier toilette, dans laquelle sont introduites à intervalles réguliers des graines de persil. Il suffit de poser le ruban au fond du sillon, de recouvrir de terre et d'arroser.

Juillet *Coup de cœur*

OUTIL : un râteau et une fourche ou une Grelinette.

3 euros le sachet

10'

La claytone de Cuba : une salade à découvrir

La claytone est une salade grasse moins connue que la tétragone mais facile à cultiver. Essayez et goûtez-la. Vous serez conquis.

Pourquoi la choisir ?

De la même famille que le pourpier, la claytone le remplace avantageusement pour les cultures de début et de fin de saison, car elle résiste bien au froid.

Comment la cultiver ?

1. **Ameublissez la terre** en lui incorporant, du compost, si possible une brouette par mètre carré. Attention, la claytone ne pousse pas en terre calcaire.
2. **Tracez un sillon** profond d'à peine un demi-centimètre et **semez** sans trop serrer.
3. **Recouvrez d'un peu de terre et tassez** avec le dos du râteau. **Arrosez** et maintenez le sol frais.
4. Quand les plants ont de 4 à 6 feuilles, **éclaircissez** pour ne conserver qu'un plant tous les 15 cm.
5. **Cueillez les jeunes feuilles** au fur et à mesure de vos besoins, à partir du moment où les boutons floraux apparaissent, 2 à 3 mois après le semis. Comme pour la salade à couper, de nouvelles feuilles se développent ensuite, et vous pouvez espérer plusieurs cueillettes successives.

Bon à savoir

Maintenez la terre toujours fraîche en arrosant dès que la surface du sol sèche, et systématiquement après une cueillette pour favoriser le départ de nouvelles feuilles. Le port étalé de la plante rend le paillage impossible.

Comment la déguster ?

Crues, tiges et feuilles épaisses se préparent comme toutes les salades, en vinaigrette ou avec un filet de citron. Cuites, elles doivent être accommodées comme celles des épinards. Cette salade rafraîchissante contient des vitamines B et K, et des sels minéraux, dont du fer et du magnésium.

Gestes de base
Ameublir la terre p. 10
Semer en place p. 12
Éclaircir p. 14
Dictionnaire
Compost p. 105

Des récoltes tout l'été

C'est l'été, les couleurs chaudes succèdent aux tons vert tendre du printemps : rouge des tomates déjà mûres, jaune des tournesols, bleu de la phacélie… Passez tous les jours au jardin pour récolter fruits et légumes mûrs.

Quels légumes choisir ?

❶ **Des tomates** : *Lycopersicon esculentum* (5 à 10 plants), 'Roma', pour leur chair ferme. Prévoyez des grands tuteurs lors de la plantation.

❷ **Des betteraves** : *Beta vulgaris* (10 plants), 'Rouge crapaudine', rouge et sucrée.

❸ **De la phacélie** : *Phacelia tanacetifolia* (20 g pour 10 m²). Les fleurs bleues et ébouriffées de cet engrais vert protègent les parcelles nues des mauvaises herbes.

❹ **Des haricots** : *Phaseolus vulgaris* (une demi-boîte de graines) 'Alaric', à consommer frais, ou 'Soissons Blanc', à conserver.

Comment faire ?

1. **Occupez la terre** par tous les moyens (paillage, engrais vert, toile de jute, etc.) pour la maintenir fraîche et meuble, sans mauvaises herbes.
2. **Semez la phacélie** à partir d'avril. Puis fauchez-la avant qu'elle ne forme ses graines, en octobre, et enfouissez-la dans le sol avec une motobineuse.
3. **Récoltez les légumes fruits.** Pas de vacances quand on s'occupe d'un potager : il faut passer quotidiennement pour récolter. Installez les tomates le long des allées pour faciliter la récolte.
4. **Récoltez les betteraves.** Leur racine se développe à moitié sous terre et à moitié au-dessus du sol. Quand vous distinguez les racines en cours de formation, vous pouvez les arracher et les consommer. Semez-les en place au printemps pour une récolte en juillet.
5. **Arrosez** au moyen de systèmes localisés au sol, type goutte-à-goutte ou tuyau poreux, pour éviter de mouiller les feuillages des légumes fruits.
6. **Arrachez les pieds de haricots** après la récolte, quand leurs feuilles commencent à jaunir. Mettez-les à sécher sur le sol. Puis, s'ils sont sains, broyez-les et incorporez-les à la terre.

Gestes
Semer en place p. 12
Récolter p. 22
Arroser p. 24
Désherber p. 30
Catalogue
Betterave p. 81
Haricot à écosser p. 93
Tomate p. 90
Dictionnaire
Compost p. 105
Mauvaises herbes p. 108
Paillage p. 110
Polliniser p. 112

Et après ?

Jetez au compost tous les déchets verts (racines, feuilles, mauvaises herbes, etc.), sauf les pieds fanés des légumes fruits, souvent porteurs de maladies. Brûlez-les plutôt et utilisez leurs cendres comme barrière contre les limaces.

Bon à savoir

Phacélie et œillets d'Inde attirent les insectes butineurs qui pollinisent les fleurs des légumes fruits.

Si vous enfouissez les déchets végétaux à la fourche, ils se décomposent mal et ressortent de terre. Louez plutôt une motobineuse, beaucoup plus efficace pour broyer et enfouir les déchets.

Juillet *Modèle* **Outils :** un plantoir à bulbes et un transplantoir.

Un potager fleuri

L'été, c'est la saison des récoltes et de l'opulence. Les légumes sont à l'apogée de leur croissance et côtoient œillets d'Indes, glaïeuls et autres fleurs d'été qui constituent une réserve de fleurs à couper ou des barrières antiparasites.

Quels légumes choisir ?

❶ Des courges : *Cucurbita pepo* (5 à 10 plants) 'Verte des maraîchers', qui se plaît en toute situation.
❷ Des choux : *Brassica oleracea* var. *capitata*, (10 à 30 plants) 'Quintal d'Alsace', pour ses grosses pommes.
❸ Des tomates : *Lycopersicon esculentum*, (5 à 10 pieds) 'Roma', à chair ferme, ou 'Rose de Berne', plus sucrée.
❹ Des glaïeuls (10 bulbes).
❺ Des œillets d'Inde (1 sachet de graines à la volée).
❻ Un dahlia (1 tubercule).

Comment faire ?

1. **Installez les bulbes à floraison estivale,** comme les glaïeuls ou le dahlia, en bordure de parcelle ou au milieu des légumes. Plantez-les en même temps que les légumes fruits, dès que les gelées ne sont plus à craindre, en mai. Ensuite, laissez faire, les légumes joueront le rôle de tuteurs.
2. **Installez les tomates** en alternance avec des œillets d'Inde. L'œillet diffuse une substance qui détruit certains vers comme le nématode. Les autres fleurs attirent les insectes qui polliniseront les fleurs de tomate.
3. **Plantez les œillets d'Inde** 15 jours après avoir mis en place les tomates, pour éviter la concurrence le temps que ces dernières s'installent.
4. **Installez les plants de courge** dans une terre riche (ils poussent même directement sur le compost ou le fumier) et fraîche. Puis isolez leurs fruits, pour qu'ils ne s'abîment pas, en les plaçant sur une petite planche ou sur une pierre.
5. **Plantez les choux** près des courges, avec lesquelles ils partagent le même besoin d'un sol riche et frais. De plus, le feuillage des courges protège leurs jeunes plants du soleil.

Et après ?

Semez des engrais verts dès qu'une parcelle se libère. En automne, quand les températures sont trop basses pour assurer le mûrissement des tomates, arrachez les plants qui comportent encore des fruits et suspendez-les en serre, tête en bas.

S.O.S.

En fin d'été, les feuilles des plantes de la famille des cucurbitacées sont très souvent envahies par l'oïdium, reconnaissable à son feutrage blanc caractéristique. Cela n'a pas d'incidence sur la production, qui a déjà été cueillie à cette époque de l'année. Brûlez les feuilles plutôt que de les jeter au compost.

Catalogue
Chou pommé p. 82
Courgette p. 87
Tomate p. 90
Dictionnaire
Mauvaises herbes p. 108
Parasites et maladies p. 110
Polliniser p. 112

Économiser l'eau d'arrosage

L'eau est, d'une part, de plus en plus chère, et d'autre part, il y a mieux à faire en été que de passer toutes ses soirées à arroser le potager ! Trucs et astuces pour gagner sur tous les tableaux.

Les bonnes règles

Les légumes sont comme le jardinier. Plus il fait chaud, plus ils boivent pour compenser ce qu'ils perdent par la transpiration. Il faut donc leur apporter des arrosages abondants et surtout s'assurer que toute l'eau apportée va bien rester dans la terre et qu'elle va être à la disposition de leurs racines. C'est pourquoi il vaut mieux suivre ces quelques règles simples :

Arroser le soir pour éviter qu'une partie de l'eau dispensée ne s'évapore avant même de s'infiltrer dans le sol.

Arroser en pluie fine pour que l'eau ait le temps de s'infiltrer doucement sans ruisseler sur la terre et se perdre loin des légumes.

Utiliser des arroseurs adaptés à un arrosage ciblé.

Les gestes de bon sens

1. Ne gâchez pas l'eau : inutile d'arroser dans les allées, sur les parcelles inoccupées ou bien sur l'abri de jardin ! Si les arroseurs circulaires et les tourniquets permettent d'irriguer de grandes surfaces, ce sont aussi de grands gaspilleurs.

2. Utilisez les systèmes dits d'arrosage localisé, souvent qualifiés de « goutte-à-goutte ». Qu'il s'agisse de micro-asperseurs, de véritables goutte-à-goutte ou, mieux, de tuyaux poreux, tous ont la particularité de n'arroser que là où c'est nécessaire : au pied des légumes. S'il est associé à un bon paillage, un tel système fonctionnant durant 2 heures suffit à irriguer une planche pour une semaine.

3. Si vos légumes sont bien serrés et si vous utilisez un tourniquet ou un autre système d'arrosage par aspersion, **fichez un pluviomètre en terre** dans la zone concernée. Vous pourrez ainsi mesurer la quantité d'eau apportée.

4. Paillez systématiquement les planches de légumes, sauf ceux à bulbes comme les oignons et l'ail. Les paillettes de lin ou de chanvre et les coques de cacao, épandues sur 8 à 10 cm d'épaisseur, assurent le maintien de l'humidité et limitent donc les arrosages.

2

3

Gestes de base
Arroser p. 24
Dictionnaire
Arrosage p. 104
Paillage p. 110
Pluviomètre p. 111

Juillet *Tour de main* **OUTIL :** un panier.

Récolter des tomates

L'heure de la récompense du jardinier est arrivée. Les premières tomates rouges n'attendent plus qu'un filet d'huile d'olive et une pincée de basilic haché. À vos paniers !

Le meilleur moment

Les tomates sont plus savoureuses si elles sont consommées au cours des quelques heures qui suivent la récolte. Attendez donc qu'elles soient bien rouges et pas simplement orangées pour les cueillir.

Si vous souhaitez les conserver un peu pour une consommation ultérieure, cueillez-les avant complète maturité avec un morceau de leur pédoncule. Il suffira de les exposer au soleil pour qu'elles finissent de mûrir. Elles seront cependant moins juteuses car, privées de leur pied, elles vont se déshydrater.

En fin de saison, quand l'ensoleillement diminue, arrachez complètement les pieds de tomates en laissant dessus les derniers fruits et suspendez-les par les racines, à l'abri derrière une vitre, au soleil. Cela suffit souvent à faire mûrir les dernières tomates les plus avancées.

Comment faire ?

1. **Lors de la récolte, choisissez en priorité les fruits les plus mûrs,** car les tomates mûrissent de manière aléatoire sur le même pied. Ainsi, des fruits du sommet apparus en dernier peuvent être bons à cueillir avant certains fruits de la base.
2. **Saisissez le fruit dans le creux de votre main et pressez avec le pouce sur le pédoncule,** là où il est renflé ou un peu tordu. La queue se casse toute seule.
3. **Ne jetez pas les fruits dans le panier :** posez-les délicatement pour qu'ils ne se meurtrissent pas. Si vous ramassez des fruits abîmés, ne les mélangez pas avec les fruits sains mais prévoyez plutôt un second panier. Ils risqueraient de contaminer toute la récolte.

Gestes de base
Récolter p. 22
Catalogue
Tomate p. 90
Dictionnaire
Pédoncule p. 111

OUTIL : un calendrier lunaire.

Jardiner avec la Lune

Depuis des générations, les jardiniers et les agriculteurs se fient à la position de la Lune pour effectuer les semis et autres interventions sur leurs cultures. Même sans fondement scientifique, certains résultats sont là…

Quelle est la Lune la plus favorable ?

Après des années d'observation, des jardiniers ont constaté que les effets sur les plantes variaient avec la hauteur de la Lune dans le ciel, mais aussi avec sa position par rapport aux constellations zodiacales. Certaines périodes sont ainsi favorables aux légumes feuilles, d'autres aux légumes fruits, etc. Seule la lecture d'un calendrier spécialisé vous permet de vous y retrouver. Attention : Lune montante et Lune descendante ne veulent pas dire la même chose que Lune croissante et Lune décroissante !

Montante ou descendante ?

Comme le Soleil, qui apparaît tous les jours un peu plus haut au printemps, puis un peu plus bas à partir de juillet, la Lune apparaît, au cours des 28 jours que dure son cycle, d'abord un peu plus haute, puis un peu plus basse. Dans un premier temps, elle est dite montante, dans un second, elle est descendante.

1. **Observez la position de la Lune** par rapport à un élément fixe du paysage (clocher, poteau…).
2. **Le lendemain, mais 2 heures plus tard,** observez à nouveau la Lune par rapport à votre repère. Si elle apparaît plus haute, c'est qu'elle est en phase montante. Dans le cas contraire, elle est descendante.

Croissante ou décroissante ?

Ce phénomène correspond à la modification de la forme de la Lune telle qu'elle nous apparaît. Le jour de la Pleine Lune, nous voyons un rond blanc presque régulier. Puis, pendant environ 14 jours, ce rond diminue pour former un croissant, avant de disparaître complètement, le jour de la Nouvelle Lune. C'est la période de Lune décroissante. Pendant les 14 jours suivants, la Lune réapparaît petit à petit sous forme d'un croissant jusqu'à la Pleine Lune. C'est la période de Lune croissante.

Le truc pour s'y retrouver

Imaginez une barre verticale du côté creux du croissant de la Lune. Si cela forme un P, c'est le Premier Quartier : la Lune croît. Si cela forme un D, c'est le Dernier Quartier, et la Lune décroît.

Bon à savoir

Vous trouverez des calendriers lunaires dans la plupart des ouvrages consacrés à ce sujet. Attention, n'oubliez pas que ce sont les conditions météo qui doivent d'abord vous guider dans vos travaux.

Gestes de base
Semer en place p. 12
Repiquer p. 16
Semer en godet de tourbe p. 18
Planter des légumes en godet p. 20
Récolter p. 22

Lune montante	Lune descendante	Lune croissante	Lune décroissante
Semer Récolter tous les légumes sauf les légumes racines Prélever des greffons Greffer	Amender la terre Épandre de l'engrais Éclaircir les semis Tailler Pincer Planter et repiquer Arracher les légumes racines	Cueillir les fleurs à couper Récolter fruits et légumes pour une conservation plus longue	Récolter fruits et légumes pour une meilleure saveur

À faire en Automne

	Septembre
Ameublir	Les parcelles devant être ensemencées.
Semer	Épinard, mâche, radis, roquette.
Planter	Fraisier.
Arroser	Les nouveaux semis.
Récolter	Carotte, céleri-rave, chicorée, chou-fleur, chou pommé, chou-rave, ciboulette, claytone, concombre, cornichon, fenouil, fraise, framboise, haricot à écosser, haricot vert, laitue à couper, maïs, melon, menthe, poireau, pois, poivron, pomme de terre, radis, roquette, sarriette, thym, tomate.
Divers	Couvrez le cœur de la chicorée pour le faire blanchir.

Attention

➔ ***Pleine saison de récoltes et de cueillettes !*** Ne laissez pas s'abîmer votre production : invitez toute la famille au potager.

➔ ***Semez des engrais verts*** sur les parcelles qui se libèrent.

➔ ***Traitez les branches des arbres fruitiers*** avec de la bouillie bordelaise dès que toutes les feuilles sont tombées.

➔ ***Plantez des bulbes à floraison printanière*** le long des allées. Ils égaieront le potager de leurs chaudes couleurs dans quelques mois.

Octobre	Novembre
Les parcelles devant être ensemencées.	Les planches devant recevoir des arbres fruitiers.
Épinard, mâche, radis.	Arbres fruitiers palissés, cassissier, chicorée à endives, framboisier, groseillier.
Oignon.	Arbres fruitiers palissés, cassissier, chicorée à endives, framboisier, groseillier.
Les nouveaux semis.	Les cultures sous abris.
Céleri-rave, chicorée, chou de Bruxelles, chou-fleur, chou pommé, chou-rave, concombre, cornichon, fenouil, fraise, framboise, poireau, poivron, radis, roquette, salsifis, sarriette, topinambour.	Céleri-rave, chou de Bruxelles, crosne, épinard, fenouil, mâche, poireau, radis, salsifis, topinambour.
Débuttez les asperges. Couvrez le cœur de la chicorée pour le faire blanchir. Taillez les framboisiers.	Étendez un voile d'hivernage sur les cultures en place en cas de froid rigoureux. Apportez de la matière organique à la terre.

Deux potagers d'automne | Modèle

Les préparatifs pour l'hiver

Les parcelles commencent à se clairsemer. C'est l'automne au potager. Après les dernières récoltes, il faut penser à préparer le jardin pour l'hiver. Mais il est encore temps de semer ou de planter les légumes à récolter en hiver, qui supportent bien le froid.

1. Le potager tout simple

Comment faire ?

1. **Ramassez la seconde récolte de framboises** en septembre. Puis, taillez pour favoriser les nouvelles pousses l'année suivante : coupez les tiges qui ont fructifié juste sous l'emplacement des derniers fruits.
2. **Plantez les épinards, la mâche et la laitue** à la place des tomates, une fois celles-ci arrachées.
3. **Semez les radis** à l'emplacement de l'ail arraché en juillet.
4. **Plantez des petits pois à grains ronds,** qui résistent mieux au froid que ceux à grains ridés, à l'emplacement des pommes de terre. Si votre terre a tendance à trop garder l'humidité, semez-les sur des billons pour mettre les graines puis les racines plus au sec.
5. **Semez des graines de moutarde** pour maintenir la terre propre après la récolte des laitues et des haricots.

Bon à savoir

Traitez les arbres fruitiers contre maladies et parasites. Ramassez les feuilles tombées à leur pied et incorporez-les au compost.

Ne laissez pas la terre nue ! Épandez sur toutes les planches inoccupées une couche de paillage ou de compost de 8 à 10 cm d'épaisseur.

2. Le potager patchwork

Comment faire ?

1. **Traitez les arbres fruitiers** à la bouillie bordelaise au début de la chute des feuilles, puis à nouveau quand toutes les feuilles sont tombées.
2. **Repiquez les plants de choux** élevés en pépinière à l'emplacement des tomates. Les choux exigent une terre toujours fraîche : n'hésitez pas à arroser, même si les températures sont basses.
3. **Semez du trèfle** à la place des aubergines et des poivrons. Jetez leurs fanes au compost après les avoir arrachés.
4. **Semez une troisième « vague » de radis** après la récolte de la seconde.
5. **Commencez à récolter la mâche** en prélevant les plus belles rosettes.
6. **Semez les épinards** à la place des carottes.

Bon à savoir

Commencez un nouveau tas de compost avec les déchets de l'été. Mélangez-y une brouette de l'ancien compost, afin de lancer le processus de décomposition. Épandez celui-ci sur les parcelles nues où vous prévoyez de planter des tomates au printemps.

Les carottes de conservation, semées en été, se récoltent en automne.

1. Le potager tout simple

Quels légumes choisir ?

❶ **Des framboisiers,** *Rubus idaeus* 'Héritage' (3 arbustes), et **des groseilliers,** *Ribes rubrum* 'Junifer' (8 arbustes).
❷ **Des épinards,** *Spinacia oleracea* 'Monstrueux de Viroflay' (2 rangs de 5 plants).
❸ **De la mâche,** *Valerianella locusta* 'Coquille de Louviers' (1 m² à la volée).
❹ **Des laitues,** *Lactuca sativa* 'Barbarossa' (2 rangs de 5 plants).
❺ **Des radis,** *Raphanus sativus* 'Gloriette' (1 m² à la volée).
❻ **Des poireaux,** *Allium porrum* 'Bleu de Solaise' (2 rangs de 8 plants).
❼ **Des choux pommés,** *Brassica oleracea* 'Gros des Vertus' (2 rangs de 3 plants).
❽ **Des aromatiques.**
❾ **Des petits pois à grains ronds,** *Pisum sativum* 'Plein le Panier' (3 rangs de 2 m).
❿ **Un engrais vert** (20 g de graines).

Et aussi

⓫ Un tas de compost.

2. Le potager patchwork

Quels légumes choisir ?

❶ **Des poiriers,** *Pyrus communis* 'Williams' et 'Conférence' (1 arbuste de chaque variété), et **des pommiers,** *Malus communis* 'Delbarestivale' et 'Golden Delicious' (1 arbuste de chaque variété).
❷ **Des aromatiques.**
❸ **Des choux pommés,** *Brassica oleracea* 'Quintal d'Alsace' (2 rangs de 5 pieds).
❹ **Un engrais vert** (50 g de graines).
❺ **Des poireaux,** *Allium porrum* 'D'hiver de St Victor' (3 rangs de 8 pieds).
❻ **Des radis,** *Raphanus sativus* 'Mirabeau' (0,5 m² à la volée).
❼ **De la mâche,** *Valerianella locusta* 'À grosse graine' (0,5 m², à la volée).
❽ **Des épinards,** *Spinacia oleracea* 'Géant d'hiver' (3 rangs de 4 plants).

Et aussi

❾ Un paillis.
❿ Un tas de compost.

Septembre *Coup de cœur*

OUTILS : une fourche ou une Grelinette, un transplantoir.

0,75 euro par godet

30' pour 15 fraisiers

Des fraises pour l'été

Comment imaginer un potager sans fraisiers ? Hormis en terre trop calcaire, ils poussent partout. Ne vous en privez pas !

Quelles variétés choisir ?

Préférez les variétés remontantes, qui ont deux floraisons : elles produiront une première fois de juin à juillet, puis de la fin août jusqu'aux premières gelées. Attention, pour vous garantir cette double récolte, supprimez sans scrupules les fleurs qui peuvent apparaître dès le mois de mai, même si cela vous fend le cœur ! 'Gento' est une valeur sûre avec de gros fruits. 'Mara des Bois' et 'Reine des Vallées' produisent des petits fruits au parfum de fraise des bois.

Comment les cultiver ?

1. **Ameublissez la terre,** le long d'une allée pour faciliter le grappillage, et **enrichissez-la** avec du compost. L'idéal est d'incorporer un sac de 50 litres par m^2.
2. Avec un transplantoir, **faites des trous** espacés de 40 cm, de la profondeur de la motte. Faites tremper les plants dans l'eau pendant ce temps.

3. **Posez la motte dans le trou et rebouchez** avec de la terre fine, en prenant garde de ne pas enterrer le cœur du fraisier. On appelle « cœur » le centre de la touffe quand on la regarde par le dessus.
4. **Tassez soigneusement** autour de la motte et arrosez immédiatement au goulot pour bien mettre en contact la terre avec les racines.
5. Au printemps, **couvrez le sol de paillage grossier,** des coques de cacao par exemple. Il maintiendra la terre fraîche et les fruits ne seront pas souillés par celle-ci. Incorporez ce paillage à la terre l'automne suivant.

Bon à savoir

Une fraiseraie est rarement productive plus de 3 années. Au-delà, arrachez vos fraisiers et remplacez-les par de nouveaux plants, achetés dans le commerce et garantis indemnes de maladies. Plantez ces nouveaux fraisiers dans un autre endroit du potager car la parcelle précédente doit être épuisée.

Gestes de base
Ameublir la terre p. 10
Planter des légumes en godets p. 20
Dictionnaire
Compost p. 105
Paillage p. 110

Septembre *Tour de main* **OUTILS :** une pelle et un tamis.

20' chaque mois

Préparer son compost

Restes d'épluchage, fanes de légumes, mauvaises herbes, etc. : au potager, il y a beaucoup de déchets « verts ». Entassez-les pour qu'ils se transforment en un précieux compost gratuit dont vous pourrez nourrir votre terre.

Dictionnaire
Compost p. 105
Humus p. 108

Que puis-je mettre dans mon compost ?

Tous les déchets organiques qui se décomposent peuvent être mélangés. La liste est longue avec, par exemple, les feuilles abîmées de la salade que vous retirez avant de la rapporter à la cuisine, les plantules arrachées lors de l'éclaircissage, les pieds de tomates ou de petits pois quand la cueillette est terminée, les fanes des carottes que vous venez d'arracher… à mélanger avec les tontes de gazon ou les tailles de haies et d'arbustes, mais aussi avec les déchets de cuisine comme les coquilles d'œufs ou les épluchures de fruits.

Comment faire ?

Inutile d'acquérir un composteur, aussi coûteux que peu pratique ! Réservez un coin du potager de 1 à 2 m^2 environ, plutôt à l'abri des regards car un tas de déchets n'est jamais très joli. Ne posez rien au sol, ni béton, ni planche, ni plastique : le tas de déchets doit être en contact direct avec la terre pour que les insectes et animaux du sol puissent monter dans le tas et broyer les déchets.

1. **Jetez les déchets** au fur et à mesure. **Piétinez-les** pour qu'ils soient bien tassés et **arrosez bien** le tas pour le maintenir humide (il ne doit pas sécher).
2. **Une fois par mois,** à l'aide d'une pelle, **déplacez le tas** de un mètre en le prenant à la base, comme vous le feriez pour gâcher du ciment. L'opération aère le tas et facilite le mélange des déchets.

1

2

Et après ?

Simplement maintenu humide et bien mélangé tous les mois, un compost ne sent pas mauvais. Il prend en 4 à 6 mois un aspect de « terreau » noirâtre, utilisable tel quel. Attention, ce n'est pas un terreau dans lequel vous pouvez semer ou planter ! C'est un compost, c'est-à-dire un amendement qui sert à enrichir la terre de votre jardin ou un terreau pour vos pots. Prenez la précaution de le tamiser avant de l'incorporer à votre terre pour recueillir les gros morceaux mal décomposés, mais aussi les inévitables vers qui « travaillent » dans les déchets. Ne les tuez pas, jetez-les sur le tas.

Octobre | *Tour de main* | **OUTIL :** une fourche à bêcher.

Conserver les légumes racines

Contrairement aux légumes feuilles, les légumes racines comme les carottes, les betteraves et les navets peuvent se conserver tout l'hiver dans un silo, au frais et à l'abri du gel.

Comment faire ?

1. Dans un local aéré et hors gel, ou à l'extérieur, **ménagez un bac** avec des planches ou des plaques de plastique.
2. **Épandez une couche de sable** de 5 cm d'épaisseur environ au fond du bac.
3. **Posez les légumes dans le bac,** à 2 cm les uns des autres : si l'un d'eux pourrit, il ne contaminera pas les autres.
4. **Recouvrez de 5 cm de sable,** disposez une autre couche de légumes, etc., jusqu'à ce que le bac soit plein.

Des réserves pour tout l'hiver

Les crosnes, les salsifis et les céleris-raves peuvent rester au potager pendant l'hiver. Il suffit de couper les feuilles au ras de la racine et de recouvrir le plant de feuilles mortes, protection que vous devrez retirer en cas de redoux pour éviter tout risque de pourriture.

Pommes de terre, carottes et betteraves doivent au contraire être arrachées et stockées en silo. Ne mélangez pas les légumes dans le même silo, car vous risqueriez de ne plus vous y retrouver une fois les racines noyées dans le sable.

Si votre terre est bien drainée et que vous ne disposiez pas de place à l'intérieur de la maison, vous pouvez conserver vos légumes racines dehors, dans un silo enterré. Il vous suffit de creuser une fosse de 30 cm de profondeur, d'y entasser les racines, d'isoler le tout avec un feutre de jardin, puis de recouvrir de terre. Certains jardiniers enterrent un tambour de machine à laver pour mettre leur récolte à l'abri.

Bon à savoir

Évitez la chaufferie ou la proximité de la citerne à fioul, car les légumes pourraient bien en prendre l'odeur.

Catalogue
Betterave p. 81
Carotte p. 88
Céleri-rave p. 79
Navet p. 84
Pomme de terre p. 98
Salsifis p. 100

OUTILS : un voile d'hivernage, un châssis, un paillage.

Protéger les légumes du gel

Une nuit d'avril à -2 °C et vos semis sont réduits à néant ! Surveillez la météo et prenez les devants pour mettre vos cultures à l'abri.

Pourquoi les protéger ?

Il y a en général peu de légumes au potager en hiver, et ceux qui sont encore en terre sont des espèces résistantes comme les poireaux, les choux, etc. Une protection minimale facilitera néanmoins leur arrachage ou prolongera leur conservation.
Les protections anti-gel sont en revanche très utiles au printemps, quand semis et plantations commencent.

Quels légumes protéger ?

1. En hiver, **les choux** craignent davantage l'alternance gel-dégel que le froid proprement dit. Pour en limiter les effets, soulevez leur tête avec une fourche, afin de l'incliner vers le nord et bloquez-la dans cette position avec une pelletée de terre.
2. Quand la terre est gelée, **les poireaux** sont comme soudés au sol. Pour les arracher sans difficultés, épandez, avant le gel, une couche de 10 cm de paillettes de lin sur toute la planche.
3. **Mâche et épinard** encaissent bien le froid, mais vous devez passer leurs feuilles sous l'eau à la cuisine pour qu'elles retrouvent leur souplesse. Pour éviter cela, couvrez la parcelle avec un voile d'hivernage (appelé aussi voile de forçage) avant les premiers gels.
4. Au printemps, jusqu'à la période des saints de glace, vers la mi-mai, des gels nocturnes peuvent mettre à mal **vos premiers semis et plantations.** Étalez tous les soirs un voile d'hivernage sur vos semis et installez des châssis tunnel sur vos plantations.

Bon à savoir

Protégez vos arbres fruitiers palissés du gel nocturne en arrosant toute leur ramure le soir. La pellicule d'eau qui va les recouvrir va se transformer en glace et isoler du froid les bourgeons qui démarrent.

Gestes de base
Protéger p. 26
Catalogue
Chou de Bruxelles p. 83
Chou pommé p. 82
Chou-fleur p. 82
Chou-rave p. 83
Épinard p. 99
Mâche p. 100
Poireau p. 77
Dictionnaire
Châssis p. 105
Paillage p. 110
Palissage p. 110
Saints de glace p. 113
Voile d'hivernage p. 113

Octobre | *Modèle* | **Outil :** un transplantoir.

La fin des récoltes

L'automne au potager marque surtout la fin des récoltes des légumes fruits, grands amateurs de soleil. Il faut donc activer la maturité des derniers fruits et planter des légumes verts à cycle court, comme les salades.

Quels légumes choisir ?

❶ Des tomates : *Lycopersicon esculentum* (5 à 10 plants 'Rose de Berne' pour sa chair sucrée, ou 'Roma', une variété ferme.

❷ Des laitues : *Lactuca sativa* (10 à 40 plants) 'Apia' ou 'Merveille des 4 saisons', qui se plantent du printemps jusqu'au début de l'automne.

❸ Des carottes : *Daucus carota* (50 plants) 'Juwarot' ou 'Sprinter' par exemple, parmi les variétés les plus savoureuses.

❹ Des haricots : *Phaseolus vulgaris* (1 paquet de graines) 'Alaric' ou 'Novirex', à semer en sillon.

Comment faire ?

1. Aérez les tomates en enlevant un tiers, voire la moitié, du feuillage exposé au sud. Les fruits qui restent profiteront ainsi de la chaleur des derniers rayons du soleil. Coupez la tige entre 1 m et 1,50 m du sol. Conservez une dizaine de fruits par pied, la sève s'y concentrera.

2. Installez des plants de laitue. Faites un trou au transplantoir, déposez la motte et rebouchez en tassant bien autour. Attention, n'enterrez pas le cœur de la laitue ! Le plant semblera flétri au début, mais il se redressera vite après les premiers arrosages. Si vous les plantez après les fortes chaleurs, les laitues risquent moins de monter, surtout si vous choisissez des variétés d'automne.

3. Récoltez les carottes dites de conservation, que l'on sème en juin pour les garder en cellier ou en silo tout l'hiver. Arrachez-les avec une fourche, laissez-les sécher 2 jours à terre, coupez leurs fanes, puis essuyez leurs racines sans les laver avant de les stocker.

4. Conservez les pieds de haricots semés vers la mi-août, même si la récolte est terminée. Les plantes de la famille des fabacées ont en effet le pouvoir de fixer l'azote de l'air. Quand les plants fanent, incorporez-les à la terre, qui profitera de ce précieux apport d'azote.

Et après ?

Si l'espace libéré est trop grand pour l'occuper entièrement par des cultures de légumes verts, ne laissez pas pour autant la terre nue et épandez une épaisse couche de compost sur le sol.

Bon à savoir

Tomates, poivrons et autres gros légumes fruits peuvent achever de mûrir à l'intérieur. Disposez-les dans un cageot, avec une banane mûre. Cette dernière dégage en effet un gaz qui active la maturation des autres fruits.

Gestes
Planter des légumes en godet p. 20
Récolter p. 22
Catalogue
Carotte p. 88
Haricot à écosser p. 93
Haricot vert nain p. 93
Laitue p. 90
Poivron p. 84
Tomate p. 90
Dictionnaire
Compost p. 105

Novembre *Coup de cœur*

Outils : une fourche et un sécateur.

1,5-3,5 euros par sachet — 10' pour le semis — 1h pour le forçage

La chicorée à endives, facile à cultiver

On s'imagine toujours que l'endive est difficile à réussir, ou réservée aux professionnels. En réalité, chacun peut produire des endives dans son garage ou dans son sous-sol, et même en bouteille dans la cuisine !

Quelles variétés choisir ?

À la base, l'endive, ou chicon est une chicorée dite de Bruxelles, ou Witloof. Elle se cultive au début comme une salade et produit d'ailleurs de nombreuses feuilles vertes. Il faut l'arracher à l'automne et couper ses feuilles pour que la racine en fabrique de nouvelles. Cultivée à l'abri de la lumière, elle produit alors des feuilles blanches.

Il existe plusieurs variétés de chicorée à endives, mais retenez surtout 'Magnum' et 'Zoom', qui produisent des chicons dans le noir mais sans être recouvertes, ou 'Carla', dont les feuilles sont teintées de pourpre.

Comment faire ?

1. **En mai, semez les graines de la chicorée** au potager, en sillon peu profond. Quand les plantules atteignent 8 à 10 cm, éclaircissez pour ne garder qu'un plant tous les 30 cm.
2. **En novembre, arrachez les chicorées** avec leur racine, en vous aidant d'une fourche. Sélectionnez les racines d'au moins 3 cm de diamètre.
3. **Coupez le feuillage** à 1 cm au-dessus du collet et **raccourcissez l'extrémité de la racine** pour qu'il n'en reste que 15 à 20 cm.
4. **Disposez les racines debout dans un grand bac profond,** dans un local hors gel, et **comblez les espaces avec de la terre fine** ou du terreau, jusqu'au collet.
5. **Finissez de remplir le bac** avec de la paille ou de la tourbe. C'est à l'abri de la lumière, dans ce matériau léger, que vont se développer les endives, 4 à 6 semaines après la mise à forcer.

3

4

5

Bon à savoir

Pour échelonner la récolte, il est conseillé d'effectuer plusieurs lots de forçage tous les 15 jours. Vous pouvez aussi forcer des endives individuellement, dans des bouteilles en plastique décapitées et remplies de tourbe.

Gestes de base
Semer en place p. 12
Éclaircir p. 14
Catalogue
Chicorée p. 85
Dictionnaire
Collet p. 105
Forcer p. 106

À FAIRE EN HIVER

Décembre	
Ameublir	Les planches devant recevoir des arbres fruitiers.
Planter	Arbres fruitiers palissés, cassissier, framboisier, groseillier.
Traiter	
Arroser	Les cultures sous abris.
Nourrir	Apportez de la matière organique à la terre.
Récolter	Chou de Bruxelles, épinard, mâche, salsifis.
Divers	Étendez un voile d'hivernage sur les cultures en place en cas de froid rigoureux.

ATTENTION

- ***Sous abri, surveillez les attaques de parasites*** qui cherchent aussi la chaleur.
- ***Le potager se vide : c'est le moment de nourrir la terre*** en lui apportant fumier, compost ou autre matière organique.
- ***Nettoyez et désinfectez*** à l'eau de Javel, tuteurs, contenants et outils en bois pouvant abriter des germes de maladies.
- ***Achetez vos plants de pommes de terre*** dès janvier pour un plus grand choix de variétés.
- ***Retournez le tas de compost*** en février pour l'aérer.
- ***Taillez*** les cassissiers, les groseilliers et les autres arbres fruitiers palissés à la fin de l'hiver.

Janvier	Février
Les planches devant recevoir des arbres fruitiers.	Toutes les parcelles non recouvertes de paillage.
Cassissier, framboisier, groseillier, oignon.	Ail, asperge, cassissier, échalote, framboisier, groseillier, oignon.
Pulvérisez un produit « traitement d'hiver » sur le tronc et les branches des arbres fruitiers.	
Les cultures sous abris.	Les cultures sous abris.
	Incorporez un engrais « potager » dans tout le jardin.
Mâche.	
Nettoyez tuteurs et contenants.	Semez les fèves et les pois. Buttez les asperges en place. Taillez tous les arbres fruitiers

Deux potagers d'hiver *Modèle*

Le grand ménage d'hiver

Les premières gelées marquent le début de la morte saison au potager. Seuls les légumes résistant au froid sont encore en place, et les plus frileux sont à l'abri sous leurs protections hivernales. C'est le moment de faire un peu de ménage...

1. Le potager tout simple

Comment faire ?

1. **Protégez la souche des arbres fruitiers** en la couvrant d'un matelas de feuilles mortes ou, mieux, de paille. Supprimez les rameaux les plus âgés des groseilliers pour ne garder qu'une dizaine de branches jeunes, vigoureuses et non enchevêtrées.

2. **Couvrez les épinards** avec un voile d'hivernage. Cela suffira à protéger les feuilles en cas de gel trop dur, et vous permettra de prolonger la récolte.
3. **Protégez la mâche** avec le même voile d'hivernage que celui qui recouvre les épinards.
4. **Récoltez les derniers poireaux et choux pommés** de la parcelle.
5. **Abritez les petits pois** sous un tunnel si le froid est trop intense. Préférez les structures en dur qu'il suffit de « poser » sur la planche, sans arceaux à piquer en terre ni film plastique à tendre de part et d'autre.
6. **Fauchez la moutarde** plantée en automne, incorporez-la à la terre, puis couvrez le sol avec du paillage. Procédez en dehors des périodes de gel.

Bon à savoir

Arrachez les plantes aromatiques annuelles grillées par le gel. Vous en planterez de nouvelles au printemps.
Ne tentez pas de travaux d'ameublissement si la terre est trop mouillée. Attendez les premiers redoux, au début du printemps.

2. Le potager patchwork

Comment faire ?

1. **Taillez les arbres fruitiers** pour aérer leur silhouette et provoquer de nouvelles pousses. Utilisez un sécateur propre et dont vous avez désinfecté la lame à l'alcool pour ne pas propager de maladies d'un arbre à un autre. Si vous coupez une grosse branche, opérez un jour sans gel, et badigeonnez la plaie avec un mastic cicatrisant pour prévenir toute entrée de maladie. Couvrez la souche des arbustes avec de la paille ou des feuilles mortes.
2. **Orientez la tête des choux vers le nord** avec une fourche, si les températures descendent au-dessous de – 5 °C. Le dégel sera ainsi moins rapide, or c'est ce qu'ils craignent le plus pendant les périodes froides de l'hiver.
3. **Arrachez les derniers poireaux.** Cela ne devrait pas poser de problème si vous avez couvert la terre avec de la paillette de lin.
4. **Couvrez les épinards** avec un voile d'hivernage. Cela suffira à protéger les feuilles du gel trop dur, et vous permettra de prolonger la récolte.
5. **Protégez la mâche du froid** avec le même voile d'hivernage que celui qui recouvre les épinards.

Bon à savoir

Ne laissez pas la terre nue, même en plein hiver ! Épandez sur toutes les planches inoccupées une couche de paillage ou de compost de 8 à 10 cm d'épaisseur.

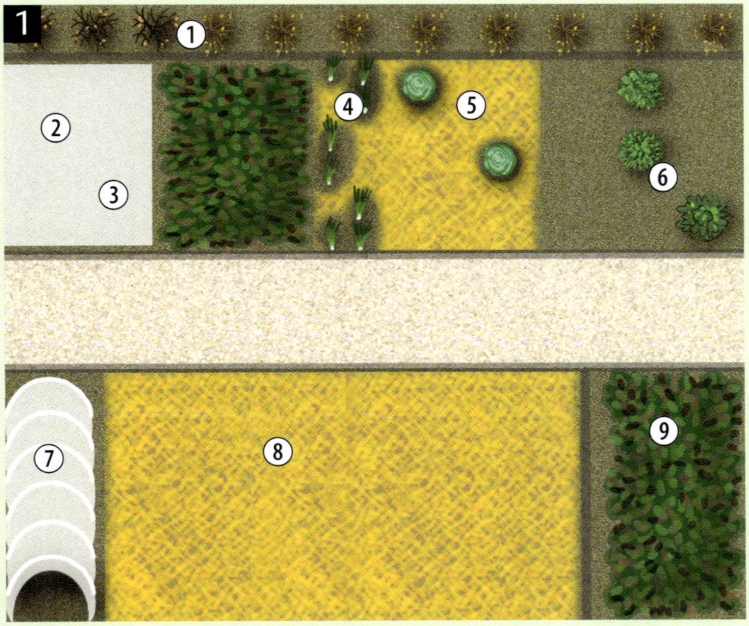

1. Le potager tout simple

Quels légumes choisir ?

❶ **Des framboisiers,** *Rubus idaeus* 'Héritage' (3 arbustes), et **des groseilliers,** *Ribes rubrum* 'Junifer' (8 arbustes).

❷ **Des épinards,** *Spinacia oleracea* 'Monstrueux de Viroflay' (2 rangs de 5 plants).

❸ **De la mâche,** *Valerianella locusta* 'Coquille de Louviers' (1 m², à la volée).

❹ **Des poireaux,** *Allium porrum* 'Bleu de Solaise' (2 rangs de 8 plants).

❺ **Des choux pommés,** *Brassica oleracea* 'Gros des Vertus' (2 rangs de 3 plants).

❻ **Des aromatiques.**

❼ **Des petits pois à grains ronds,** *Pisum sativum* 'Plein le Panier' (3 rangs de 2 m).

Et aussi

❽ Un paillis.

❾ Un tas de compost.

2. Le potager patchwork

Quels légumes choisir ?

❶ **Des poiriers,** *Pyrus communis* 'Williams' et 'Conférence' (1 arbuste de chaque variété), et **des pommiers,** *Malus communis* 'Delbarestivale' et 'Golden Delicious' (1 arbuste de chaque variété).

❷ **Des aromatiques.**

❸ **Des choux pommés,** *Brassica oleracea* 'Quintal d'Alsace' (2 rangs de 5 pieds).

❹ **Des poireaux,** *Allium porrum* 'Bleu de Solaise' (2 rangs de 10 plants).

❺ **Des épinards,** *Spinacia oleracea* 'Géant d'hiver' (3 rangs de 4 plants).

❻ **De la mâche,** *Valerianella locusta* 'À grosse graine' (0,5 m², à la volée).

Et aussi

❼ Un paillis.

❽ Un tas de compost.

Décembre | Tour de main | **Outil :** une scie à métaux.

30 euros | 2h

Récupérer l'eau de pluie

L'eau qui tombe du ciel sur votre terrain vous appartient. Ce serait vraiment dommage de ne pas la capter pendant l'automne et l'hiver, pour l'utiliser au cours de l'été suivant. Imaginez l'économie…

Utilisez les gouttières

Savez-vous que, dans une région où la pluviométrie moyenne est de 600 mm, une toiture de 150 m^2 permet en théorie de récupérer 90 000 litres d'eau, soit 90 m^3 ! Cela couvre largement les besoins du potager pour une année. C'est une bonne raison pour utiliser ce formidable capteur que constitue l'ensemble toiture-gouttières. Reste à faire l'acquisition d'un récupérateur (cet accessoire cylindrique se trouve en Jardinerie ou dans les magasins de bricolage, et à trouver une cuve conséquente, car un bidon de 200 litres se remplira avec la première pluie. Vous pouvez envisager une cuve de plusieurs milliers de litres, selon la taille du jardin.

Comment récupérer l'eau ?

1. **Faites un trou dans le tuyau de descente** de gouttière sur une vingtaine de centimètres.
2. **Introduisez le récupérateur** dans la partie supérieure du tuyau, à l'endroit du trou, et descendez-le pour qu'il s'emboîte dans la partie inférieure.
3. **Placez un bidon** ou une citerne sous le récupérateur. L'eau s'y déversera à la première pluie. Certains récupérateurs ne sont que des becs verseurs et l'eau s'en écoule comme d'une fontaine. D'autres sont dotés d'un tuyau que vous pouvez diriger où vous voulez, notamment vers une citerne enterrée.
4. Si le récepteur est une cuve en surface, posez cette dernière sur un support à 30 ou 40 cm du sol et **équipez-la d'un robinet** pour pouvoir remplir aisément seaux, arrosoirs, ou même directement un tuyau poreux. Si votre cuve est enterrée, **une pompe électrique** immergée vous permettra de puiser l'eau sans difficultés.

Gestes de base
Arroser p. 24

OUTILS : une bêche ou une fourche.

20-30 euros par arbre

30' par arbre

Planter des arbres fruitiers palissés

Les arbres fruitiers palissés occupent peu de place au potager et ne génèrent pas d'ombre préjudiciable aux légumes. Installez-les à la périphérie du jardin, sur un support de fil de fer.

Bien choisir son arbre

À cette époque de l'année, les arbres fruitiers sont vendus à racines nues, c'est-à-dire sans pot, ni conteneur, ni terre autour des racines. Ils n'en souffrent pas, car ils sont en repos. C'est une aubaine pour le jardinier, qui peut choisir des arbres disposant d'un important chevelu (on appelle ainsi le système radiculaire, ou les racines de l'arbre), garant d'une bonne reprise.

Les arbres palissés sont par ailleurs taillés et formés quand ils sont jeunes pour obtenir un cordon, une palmette en U, etc. S'il est tentant d'acquérir à peu de frais un tout jeune arbre pour le former vous-même, il est vivement conseillé d'acheter plutôt un arbre déjà formé en pépinière, qui donnera des fruits dès la seconde année de plantation.

Comment faire ?

1. **Posez le support de palissage :** fixez de solides pitons dans le mur et accrochez-y un fil de fer maintenu raide avec un tendeur, distant du mur de 10 cm environ. Pour des formes d'arbres en cordon, un seul fil de fer à 50 cm du sol suffit. Pour des cordons doubles, à deux niveaux, il vous faudra un second rang de fil de fer, 50 cm plus haut. Pour des formes en palmettes, posez deux rangs supplémentaires de fil de fer, toujours tous les 50 cm.
2. **Creusez un trou cubique** d'au moins 50 cm sur 50 cm, et même 80 sur 80 cm, le long du mur de palissage. Si votre terrain reste humide l'hiver, épandez une couche de 10 cm de graviers au fond pour faire office de drainage.
3. **Ameublissez bien la terre ôtée et rebouchez le trou** en conservant juste un emplacement du volume des racines de votre arbre.

4. **Placez l'arbre dans le trou** de manière que son tronc soit distant de 20 cm du mur. Assurez-vous, avec un manche posé en travers du trou, que le collet est 2 ou 3 cm au-dessus du niveau du sol.
5. **Incorporez 2 ou 3 pelles de compost** à la terre et comblez entre les racines, quitte à secouer verticalement l'arbre pour bien faire descendre la terre.
6. **Tassez avec le pied et réalisez une cuvette** équivalant au diamètre occupé par les racines, avec la terre en excédent. **Arrosez immédiatement** (au moins 3 arrosoirs), pour bien faire adhérer la terre aux racines.
7. Lorsque l'arbre s'est un peu tassé, **15 jours plus tard, posez des liens** pour le fixer aux fils de fer, sans serrer.

Catalogue
Pommier p. 91
Poirier p. 94
Dictionnaire
Chevelu p. 105
Collet p. 105
Compost p. 105
Formes fruitières p. 106
Palissage p. 110
Racines nues p. 112

Janvier **S.O.S.** **OUTIL :** une brosse.

Désinfecter outils et accessoires

Profitez de la morte-saison au potager pour préparer les accessoires qui serviront au printemps. C'est notamment le moment de traiter les outils et les équipements de bois ou de terre pouvant abriter maladies et parasites.

Que faut-il nettoyer ?

Le bois est un matériau naturel et tendre dans lequel germes de maladies et œufs de parasites peuvent trouver refuge à votre insu. Ces indésirables ne manqueront pas de se manifester dès le retour au potager. On pense tout de suite aux piquets et tuteurs, mais il y a aussi la brouette, les caissettes, les planches que l'on pose entre les rangs, etc.

Les pots, jardinières et terrines de semis doivent également être débarrassés de toute trace de terre et lessivés.

Les lames des outils coupants doivent enfin être désinfectées à l'alcool, et les outils du travail du sol, nettoyés et essuyés.

Comment faire ?

1. **Immergez les tuteurs en bois** dans une solution d'eau de Javel ou de bouillie bordelaise. Pour ce bain forcé d'une heure au minimum, un morceau de gouttière est souvent bien plus pratique qu'un bidon.
2. **Brossez énergiquement les pots et jardinières de terre cuite,** avec une brosse en Nylon, et passez une éponge javellisée. Rincez à grande eau.
3. **Nettoyez la brouette et tous les autres accessoires en bois au nettoyeur haute pression** et badigeonnez-les au pinceau avec une solution de bouillie bordelaise.

4. Passez un coton imbibé d'alcool à 90 % Vol. sur les 2 faces des lames de sécateurs, cisailles, serpettes, etc.

Bon à savoir

Aujourd'hui, les tuteurs et même les outils de jardin existent en métal Inox, les brouettes sont en métal plus léger que le bois, les caissettes sont en plastique, etc. Autant de matériels plus faciles à entretenir que ceux qui sont en bois.

Dictionnaire
Outils p. 109
Parasites et maladies p. 110

Janvier | Modèle | **OUTILS :** une Grelinette, un plantoir et un râteau.

Légumes d'hiver : choux, mâche, poireaux...

Au potager, l'hiver est synonyme de repos. Seuls les choux, les poireaux et quelques rares salades bravent le gel. Sur les autres parcelles, l'heure est à l'épandage d'amendements pour reconstituer la terre avant le printemps.

Quels légumes choisir ?

❶ De la mâche : *Valerianella locusta* (100 à 200 plants) 'Coquille de Louviers', qui résiste bien au froid.
❷ Des choux : *Brassica oleracea* var. *sabauda* (30 à 50 plants) 'Gros des Vertus', gros chou à feuilles cloquées et à la saveur délicate, pour une récolte tardive.
❸ Des poireaux : *Allium porrum* (50 à 100 plants) 'Bleu de Solaise'. Cette variété se sème au printemps et se récolte en hiver.

Comment faire ?

1. **Semez la mâche** sur un sol ferme : il ne doit pas avoir été bêché ou ameubli. Nivelez la surface du sol au râteau, puis tassez fermement avec le dos d'une pelle. Semez à la volée, puis tassez à nouveau. La mâche ne supporte pas la chaleur, mais résiste bien au froid. S'il fait très froid cependant, son feuillage peut se flétrir. Pour éviter cela, couvrez la planche avec un voile d'hivernage, surtout la nuit.

2. **Plantez les choux** avec un plantoir pointu, dans une terre profondément ameublie. Ne retenez que les plants qui présentent beaucoup de petites racines et pralinez ces dernières. Maintenez la terre humide, car les choux redoutent la sécheresse, même en hiver. Arrachez-les au fur et à mesure de vos besoins.
3. **Blanchissez le fût du poireau** en buttant la terre autour de chaque pied. Le feuillage du poireau est amer, et le blanchiment de son fût augmente son volume de feuilles consommable. Si vous paillez, le buttage ne sera pas nécessaire.

Et après ?

Couvrez les dernières parcelles de terre nue avec du compost ou un produit de paillage. Réservez le même traitement aux planches occupées par les cultures d'hiver, après la récolte. Ainsi, au printemps, la terre ne sera pas tassée par les précipitations de l'hiver, ni asséchée par le vent, et vous pourrez planter sans devoir ameublir ni bêcher.

Bon à savoir

En choisissant des variétés de choux adaptées à chaque saison, vous pouvez vous assurer des récoltes toute l'année. En hiver, le gel peut gêner la récolte des légumes enterrés. Recouvrez la terre d'une couche de 8 à 10 cm de paillettes de chanvre ou de lin : cela l'empêchera de geler et surtout de durcir au point d'immobiliser les racines.

Gestes
Semer en place p. 12
Planter des légumes en godet p. 20
Arroser p. 24
Protéger p. 26
Catalogue
Chou pommé p. 82
Mâche p. 100
Poireau p. 77
Dictionnaire
Butter p. 105
Compost p. 105
Paillage p. 110
Praliner p. 112
Voile d'hivernage p. 113

Le Catalogue

Les meilleures plantes pour le potager

DES 50 PLANTES FACILES

Allium ascalonicum **Échalote**

L'échalote est un succès national, car elle est très peu cultivée dans le monde. Les jardiniers et les gourmands ne savent pas ce qu'ils perdent, hors de nos frontières… Que seraient les huîtres ou le beurre blanc sans échalote ?

Variétés conseillées

'Jermor' est une variété récente qui donne satisfaction. Mais essayez aussi 'Cuisse de poulet', une vieille variété, et évidemment l'échalote grise, la plus parfumée.

Comment la réussir ?

Ameublissez bien la terre. Si elle est trop humide, faites un rang sur une butte. Enfoncez les caïeux avec les doigts, tous les 15 cm, en laissant dépasser la pointe. N'arrosez pas et n'épandez pas de paillage.

Et après ?

Au fur et à mesure de leur développement, dégagez la terre sur les bulbes pour les aérer et les faire mûrir au soleil. La récolte peut commencer quand les feuilles jaunissent et sèchent. Conservez-les en cageot, sur une seule couche, après avoir coupé les feuilles à 1 cm du bulbe.

Bon à savoir

N'achetez que des plants indemnes de virus (leur emballage porte une étiquette bleu roi très reconnaissable). Plantez l'échalote grise d'octobre à janvier, contrairement aux autres variétés qui se plantent au printemps.

Associations

Comme l'ail, l'échalote n'aime pas du tout les plantes de la famille des fabacées (pois, haricot, etc.).

PLANTATION

J	F	M	A	M
J	A	S	O	N

25 pieds

meuble et surtout bien drainée

5 mois

Allium cepa **Oignon**

Difficile d'imaginer la cuisine française, et donc un potager, sans lui. L'oignon peut aussi décorer le jardin de ses magnifiques ombelles blanc verdâtre.

Variétés conseillées

Pour un semis et une plantation de printemps, 'Paille des Vertus' est une valeur sûre, tandis que 'Rouge Long de Florence' race Simiane est idéal en crudités, grâce à sa saveur douce. Pour une installation en automne, préférez 'Flash'.

Comment le réussir ?

Vous pouvez vous lancer dans les semis, mais ce sera plus facile en achetant directement des plants sous forme de petits bulbes. Plantez-les en octobre ou en novembre dans le Midi, en février ou en mars ailleurs, en terre ameublie. Enfoncez-les en terre avec les doigts, la pointe en l'air, juste sous la surface du sol. Si votre sol ne sèche pas vite, plantez-les sur une petite butte de terre.

Et après ?

Récoltez quand le feuillage jaunit. Arrachez les bulbes en les soulevant avec une fourche. Si vous voulez les stocker

pour l'hiver, laissez-les sur le sol 2 ou 3 jours après l'arrachage avant de les rentrer en caissette sous abri.

Bon à savoir

Si vous paillez, utilisez des coques de cacao, qui stimulent leur croissance. Laissez 10 cm de terre nue autour des bulbes car ils ont besoin du soleil pour se développer.

Associations

L'oignon n'aime pas les légumes de la famille du haricot.

PLANTATION

J	F	M	A	M
J	A	S	O	N

50 oignons

légère et fraîche

5 à 6 mois

Allium porrum **Poireau**

En vinaigrette ou à la crème, le poireau se consomme à toutes les sauces ! Et il est vraiment facile à cultiver.

Variétés conseillées

'Maxim', 'Parton' et 'Carlton' sont des variétés à développement rapide pour une récolte avant l'hiver. 'Bleu de Solaise' et 'D'hiver de St Victor' sont plutôt recommandés pour une récolte en hiver.

Comment le réussir ?

Semez de préférence en avril-mai, en sillon de 2 cm de profondeur, 2 graines tous les 3 cm. Couvrez de terreau, tassez et arrosez. Repiquez deux mois plus tard, quand les poireaux ont le diamètre d'un crayon : arrachez-les en les soulevant avec une fourche et coupez les racines à 1 cm du pied, puis le feuillage à 3 cm du blanc. Puis faites un trou avec un plantoir conique, introduisez le plant jusqu'à la partie verte, bouchez, tassez et arrosez.

Et après ?

Paillez la parcelle pour maintenir la fraîcheur et faciliter l'arrachage en hiver. Pour le récolter, arrachez-le.

SEMIS

J	F	M	A	M	J
J	A	S	O	N	D

1/2 sachet de graines

meuble, riche et fraîche

5 mois

Bon à savoir

Pour vous épargner un semis fastidieux, pensez aux semences en tapis biodégradable. Étalez le tapis sur la terre ameublie, arrosez et recouvrez de terre fine.

Associations

Il aide la carotte en éloignant un de ses parasites, la mouche dite de la carotte.

Allium sativum **Ail**

Très facile à cultiver, ce condiment indispensable est aussi excellent pour la santé.

Variétés conseillées

Privilégiez l'ail de couleur pour sa saveur délicate : 'Violet de Cadours', 'Fructidor', 'Rose d'Auvergne ou 'Printanor'.

Comment le réussir ?

Plantez les gousses en février-mars, en terre ameublie, pointe vers le haut, à 3 cm de profondeur, et à 10 cm les unes des autres. Laissez 20 cm entre deux rangs. En terre lourde, réalisez de petites buttes et plantez vos gousses au sommet. Arrosez seulement en cas de sécheresse. En juin, faites un nœud avec le feuillage : la sève se concentrera ainsi dans le bulbe. Récoltez en été, quand le feuillage jaunit. Soulevez les bulbes avec une fourche et arrachez-les. Laissez-les 2 ou 3 jours sur le sol pour qu'ils sèchent bien.

Et après ?

Conservez-les dans des cageots, étalés en une seule couche, dans un local frais et sec, bien aéré. Sur la parcelle libérée, vous pouvez cultiver des légumes à fruits comme les tomates, les courges ou les aubergines.

PLANTATION

J	F	M	A	M	J
J	A	S	O	N	D

30 gousses

meuble, fraîche et bien drainée

4 à 5 mois

Bon à savoir

Plantez de véritables semences, garanties sans maladies ni virus, reconnaissables à leur étiquette bleu roi.

Associations

L'ail n'apprécie pas du tout la présence du pois, du haricot et de la fève. Les laitues et la tomate lui sont indifférentes.

Allium schoenoprasum Ciboulette

Savez-vous qu'en Anjou on l'appelle « civette » ? On l'emploie pour parfumer omelettes et fromage blanc, mais elle trouve de nombreuses autres utilisations en cuisine.

Variété conseillée

Vous ne trouverez en général qu'une sorte de ciboulette, mais certains catalogues proposent la variété 'Staro', plus haute et donc plus productive.

Comment la réussir ?

Ne tentez pas le semis, bien trop long ! Achetez des jeunes plants en godets, ou divisez une touffe chez des amis. Plantez au soleil. Arrosez à la plantation, puis simplement sur signe de flétrissement.

Et après ?

Vous pouvez récolter la ciboulette au bout d'un mois, mais il est préférable d'attendre qu'elle s'installe bien dans votre terre. Cueillez les brins au fur et à mesure de vos besoins, en les coupant aux ciseaux à 1 cm du sol. La plante est vivace, elle peut donc rester en place 3 années sans autre entretien que la cueillette !

Bon à savoir

Une fois par mois, coupez à ras la moitié de la touffe, pour permettre la repousse de brins fins et tendres. Ils repoussent en 15 jours.

Associations

Elle perturbe la croissance des plantes de la famille des fabacées (pois, haricots, etc.).

PLANTATION					
J	F	M	A	M	J
J	A	S	O	N	D

1 ou 2 pieds

fraîche et fertile

2 mois

Anethum graveolens Aneth

Ses feuilles parfument les salades, la viande de mouton, les soupes, les sauces pour poissons… C'est une plante annuelle, à ressemer chaque année.

Variétés conseillées

On ne trouve guère que le type. Dans certains catalogues spécialisés, on peut trouver la variété 'Dukat', plus parfumée, et la variété 'Goldkronne', plus résistante au vent.

Comment le réussir ?

Semez, sous abri, 3 à 5 graines en godet de tourbe sous un demi-centimètre de terreau, en avril. Repiquez au jardin après les dernières gelées, quand les plants ont au moins 4 ou 5 feuilles. Arrosez bien pour faciliter la reprise.

Et après ?

Récoltez les feuilles au fur et à mesure de vos besoins et ne les ajoutez à vos préparations qu'au moment de servir.

Bon à savoir

Vous pouvez faire sécher les feuilles pour les conserver (même si elles perdent un peu de leur parfum). Cueillez-les,

faites-les sécher à l'ombre, puis placez-les dans des boîtes hermétiques à l'abri de la lumière.

Associations

L'aneth en fleur perturbe la croissance de la carotte au point de diviser la production par deux, mais il éloigne les parasites du chou et favorise même son développement. Les fleurs d'aneth attirent enfin les abeilles au potager. Ces insectes sont très utiles pour polliniser les légumes à fruits.

SEMIS					
J	F	M	A	M	J
J	A	S	O	N	D

3 graines pour 1 pied

meuble, plutôt sèche

2 mois

Apium graveolens var. *dulce* **Céleri à côtes**

Sa culture n'est pas de tout repos, mais ses côtes cuites avec une béchamel sont un régal avec une viande blanche. Plantez deux ou trois pieds pour un premier essai.

Variétés conseillées

'D'Elne' est une variété connue. Essayez aussi 'Giant Red', aux côtes rouges, et 'Granada', aux feuilles vert foncé.

Comment le réussir ?

Le semis est facile mais plusieurs repiquages sont souvent nécessaires pour former les plants. Renoncez donc à cette étape et procurez-vous du plant tout fait en Jardinerie. Plantez-le en avril ou en mai, quand la terre est réchauffée, dans un trou de 15 cm de profondeur et comblé de compost. Maintenez la terre très humide jusqu'à la récolte.

Et après ?

Début août, emmaillotez le pied de céleri dans du plastique noir pour faire blanchir ses feuilles. Retirez le plastique 15 jours à 3 semaines plus tard et coupez les feuilles au ras des racines. Consommez tout de suite.

Bon à savoir

Certaines variétés, comme 'Plein Blanc' ou 'Géant doré Amélioré', ne nécessitent pas de blanchiment et gardent donc leurs propriétés reminéralisantes. Ce légume très peu calorique possède également des qualités digestives.

Associations

Le céleri fait bon ménage avec beaucoup de légumes et plus particulièrement les tomates.

PLANTATION					
J	F	M	A	M	J
J	A	S	O	N	D

5 pieds

meuble, humide, riche en humus

3 à 4 mois

Apium graveolens var. *rapaceum* **Céleri-rave**

Contrairement à son cousin à côtes, c'est sa racine que l'on mange, en gratin ou en accompagnement de ragoûts. On lui prête des propriétés aphrodisiaques.

Variétés conseillées

'Monarch' a une racine bien ronde et facile à éplucher. Pour les amateurs de gros légumes, retenez 'Géant de Prague' et 'Géant des Maraîchers'.

Comment le réussir ?

Le semis est facile, mais plusieurs repiquages sont souvent nécessaires. Cultivez-le donc comme le céleri à côtes : procurez-vous du plant tout fait en Jardinerie. Plantez-le en avril ou en mai, quand la terre est réchauffée, dans un trou de 15 cm de profondeur et comblé de compost. Maintenez la terre très humide jusqu'à la récolte.

Et après ?

Arrachez les raves à partir de septembre pour une consommation immédiate. Dès octobre, et jusqu'en novembre, arrachez les dernières raves et laissez-les une journée à terre, puis conservez-les tout l'hiver en cave.

Bon à savoir

Lors de la plantation, coupez 2 cm de la racine principale. La plante réagit alors en produisant une grosse racine.

Associations

Ce céleri fait bon ménage avec tous les légumes. Ses racines seront plus grosses s'il est cultivé sur une parcelle précédemment occupée par un engrais vert comme la vesce, qui apporte beaucoup de potassium.

PLANTATION					
J	F	M	A	M	J
J	A	S	O	N	D

1 ou 2 pieds

meuble, humide, riche en humus

5 à 6 mois

Artemisia dracunculus Estragon

Il parfume de nombreux plats, froids ou chauds, mais il faut avoir la main légère car son arôme prend vite le dessus, au détriment des autres aromatiques.

Variété conseillée

On ne trouve généralement qu'un type d'estragon. Si vous habitez en région à printemps et automne froids, plantez plutôt l'estragon de Russie, plus résistant. Il est moins parfumé, mais il suffit d'en mettre davantage pour aromatiser convenablement vos plats.

Comment le réussir ?

Ne semez pas l'estragon, procurez-vous plutôt des plants en godets pour gagner du temps. Préparez un large trou de plantation, au soleil, et disposez une couche de graviers au fond pour assurer le drainage. Plantez, tassez et arrosez immédiatement.

Et après ?

Récoltez selon vos besoins, en cueillant les jeunes feuilles pour assaisonner les crudités, et les jeunes tiges pour parfumer les sauces et les marinades.

Bon à savoir

L'estragon craint le froid. À l'approche des gelées, coupez la touffe à quelques centimètres du sol et couvrez la souche d'un matelas de fougères ou de feuilles mortes bien sèches. Maintenez avec un grillage pour que cela ne s'envole pas tout en restant aéré. Découvrez au premier redoux.

Associations

L'estragon supporte tous les légumes.

PLANTATION

J	F	M	A	M
J	A	S	O	N

1 ou 2 pieds

légère et sans excès d'eau

1,5 mois

Asparagus officinalis Asperge

L'asperge est une plante très rustique, qui ne craint ni le froid ni la sécheresse. Il faut être patient pour déguster les premiers turions, mais quel régal !

Variétés conseillées

'D'Argenteuil hâtive' est la plus courante, mais essayez aussi 'Fileas', très précoce. Si vous aimez les asperges vertes et tendres, essayez 'Verte Mary Washington', plus facile à trouver en graines qu'en plants.

Comment la réussir ?

Les plants d'asperge, appelés « griffes », ressemblent à de grosses araignées de la taille d'une main. Plantez-les en mars au fond d'un trou de 25 cm de profondeur, sur une couche de 5 cm de compost. Recouvrez de terre. Laissez pousser et, durant les deux années suivantes, coupez simplement les tiges sèches vers la fin octobre.

Et après ?

En mars de la troisième année, puis tous les ans à la même période, faites une butte de terre de 30 cm de haut au-dessus de la souche. La première récolte s'effectuera

d'avril à juin. En octobre, étalez la butte et coupez les tiges sèches. Les asperges se récoltent avec une gouge, dès que la pointe sort de terre. Enfoncez la gouge parallèlement à la tige et tirez un coup sec vers l'arrière pour la casser.

Associations

L'asperge voisine sans histoire avec l'oignon, l'ail et l'échalote mais aussi avec la tomate.

PLANTATION

J	F	M	A	M
J	A	S	O	N

2 pieds

légère et sablonneuse, riche en humus

3 ans

Beta vulgaris **Betterave**

Peu énergétique, la betterave est autorisée dans les régimes amincissants et présente d'intéressantes vertus anti-anémiques.

SEMIS					
J	F	M	A	M	J
J	A	S	O	N	D

1/2 sachet de graines pour 20 pieds

argileuse, riche en humus

3,5 mois

Variétés conseillées

'Rouge Noire Plate d'Égypte' est une betterave à racine plate très hâtive. 'Rouge Crapaudine' a une racine longue, à chair rouge et sucrée.

Comment la réussir ?

Attendez que le sol soit bien réchauffé et que les risques de gelées soient écartés. Si les jeunes plantules ont froid, elles ne donneront pas de racines. Semez en place, une graine tous les 5 cm. Éclaircissez à 20 cm quand les plantules atteignent 5 cm. Maintenez le sol frais par des arrosages et un paillage épais, sinon la racine est immangeable.

Et après ?

Commencez à récolter en août, au fur et à mesure de vos besoins, et avant les premières gelées, quand les racines ont environ 10 cm de diamètre (surveillez la partie de la racine qui dépasse de la terre). Soulevez-les avec une fourche, laissez-les sécher sur le sol une journée, puis coupez feuilles et racines avant de les préparer en cuisine.

Bon à savoir

Vous pouvez essayer de la consommer crue, en lanières comme le céleri rémoulade.

Associations

La betterave pousse mal près des haricots à rames.

Beta vulgaris var. *vulgaris* **Poirée**

La poirée ne produit pas de grosse racine, mais de grandes feuilles avec une large nervure centrale, que l'on peut consommer crues ou cuites comme celles des épinards.

SEMIS					
J	F	M	A	M	J
J	A	S	O	N	D

10 lots de graines pour 10 pieds

profonde et fraîche

2,5 mois

Variétés conseillées

Choisissez plusieurs variétés en fonction de leur couleur : 'Rhubarb Chard' aux pétioles rouges, 'Blonde à cardes blanches' aux pétioles blancs ou 'Bright Yellow' aux pétioles jaunes. Elles seront superbes le soir au potager.

Comment la réussir ?

Ameublissez la terre et tracez un sillon de 3 cm de profondeur. Posez un lot de 4 graines tous les 30 cm. Recouvrez et arrosez. Quand les plants ont 4 feuilles, éliminez les plus chétifs pour ne garder que le plus vigoureux.

Et après ?

Paillez au pied des plants avec du gazon ou des coques de cacao pour entretenir la fraîcheur de la terre. Posez un tuyau poreux le long du rang pour faciliter l'arrosage. Récoltez les feuilles au fur et à mesure de vos besoins en cassant leur pétiole au ras de la terre.

Bon à savoir

On l'appelle aussi bette, carde ou bette à cardes. Ne confondez pas cette cousine de la betterave avec le cardon, qui ressemble à l'artichaut.

Associations

La poirée n'a pas d'ennemis au potager. Elle est appréciée des radis. Plantez-les à son pied pour qu'elle leur apporte ombre et fraîcheur.

Brassica oleracea Chou pommé

Deux catégories chez le chou pommé : le cabus à feuilles lisses, qui se mange cru ou cuit ; le Milan, à feuilles cloquées, qui ne se mange que cuit et dont la saveur est plus délicate.

Variétés conseillées

Parmi les cabus (var. *capitata*), à récolter en premier, 'Quintal d'Alsace' produit de grosses pommes et 'Tête de Nègre' est rouge avec un goût plus fort. Chez les Milan (var. *sabauda*), pour une récolte plus tardive, 'Gros des Vertus' est une valeur sûre.

Comment le réussir ?

Semez en pépinière, une graine tous les 3 cm. Arrosez beaucoup. Un mois plus tard, éclaircissez pour ne garder qu'un plant tous les 15 cm. Quand les plants ont 4 feuilles, arrachez-les et repiquez-les au potager, en enterrant les premières feuilles sous 2 cm de terre. Respectez un espacement de 45 cm autour de chaque pied.

Et après ?

Récoltez à partir d'août, au fur et à mesure des besoins et consommez dans les 2 jours pour profiter de leur goût.

Bon à savoir

Si vous êtes en retard ou que le semis vous rebute, vous trouverez dans le commerce, au printemps, des plants de choux pommés prêts à planter.

Associations

Il n'aime pas les fraisiers mais apprécie les aromatiques.

SEMIS

J F M A M

J A S O N

1 sachet de grain pour une vingtair de pieds

fraîche et bien drainée

4 mois

Brassica oleracea var. *botrytis* Chou-fleur

Ce chou fait partie des rares légumes dont on mange le bouton floral. Symbole de la Bretagne, il pousse partout. Attention, il est très exigeant : sol riche et arrosages fréquents !

Variétés conseillées

'Merveille de toutes saisons' est un incontournable facile à réussir. Pour les amateurs de gros sujets, retenez 'White Magic'. Pour les semis d'août, 'Hâtif d'Angers'.

Comment le réussir ?

Semez en pépinière, en terre enrichie en compost, une graine tous les 3 à 5 cm. Un mois plus tard, éclaircissez pour ne garder qu'un plant tous les 15 cm. Quand les plants ont 4 ou 5 feuilles, arrachez-les en les soulevant avec un transplantoir et repiquez-les au potager avec un plantoir conique, en les enterrant jusqu'à la base des feuilles. Respectez un espacement de 60 cm autour des plants.

Et après ?

Paillez pour maintenir le sol frais en permanence. Récoltez à partir d'août, au fur et à mesure de vos besoins.

Bon à savoir

Dans le Midi ou sur le littoral atlantique, semez le chou-fleur en août ou en septembre pour une récolte en mars ou avril.

Associations

Il n'aime pas les fraisiers mais apprécie le voisinage des aromatiques, qui éloignent certains parasites.

SEMIS

J F M A M

J A S O N

20 graines pour 8 pieds

profonde, fraîche et plutôt calcaire

5 mois

Brassica oleracea var. *gemmifera* **Chou de Bruxelles**

Aucune trace d'origine belge chez ce chou ! Les petits bourgeons de 3 à 4 cm de diamètre qui poussent le long de sa tige sont excellents avec un morceau de porc braisé.

Variétés conseillées

La variété 'Rubine' est originale, car ses petites pommes sont rouges. Sinon, retenez 'Prince Marvel' pour son goût et 'Warrior' pour sa résistance au froid, utile dans les régions à hiver précoce.

Comment les réussir ?

Semez en pépinière, une graine tous les 3 cm. Éclaircissez 2 à 3 semaines plus tard pour ne garder qu'un plant tous les 10 cm. Quand les plants ont 4 feuilles, arrachez-les en les soulevant avec un transplantoir et plantez-les au potager en respectant un espacement de 60 cm autour de chacun d'eux.

Et après ?

La récolte peut commencer dès que les feuilles de la base de la tige commencent à jaunir, généralement en octobre. Cueillez les petites pommes une à une, en choisissant celles dont le diamètre atteint 2 à 3 cm. Consommez-les dans les 12 heures pour mieux apprécier leur goût.

Bon à savoir

Dans le Midi, semez le chou de Bruxelles au début du mois de septembre pour une récolte en mars ou en avril.

Associations

Le chou n'aime pas le voisinage des fraisiers.

SEMIS

J	F	M	A	M	J
J	A	S	O	N	D

20 graines pour 8 pieds

profonde, riche et fraîche

5,5 mois au moins

Brassica oleracea var. *gongylodes* **Chou-rave**

Certains le trouvent insolite avec sa grosse tige renflée au-dessus du sol. Dans l'est du pays, on apprécie son goût fin au parfum de noisette. Ne le confondez pas avec le chou navet, dont la tête grossit sous terre, et qui n'est pas aussi savoureux !

Variétés conseillées

'Blanc Hâtif de Vienne' et 'Folio' sont les variétés les plus hâtives. Les amateurs de gros légumes adopteront 'Superschmelz' dont la pomme peut dépasser les 10 kg tout en conservant sa tendreté.

Comment le réussir ?

Semez en place en sillon de 5 cm de profondeur, une graine tous les 3 cm, et couvrez de compost. Arrosez beaucoup. Un mois et demi plus tard, éclaircissez pour ne garder qu'un plant tous les 20 cm. Paillez pour conserver la fraîcheur de la terre.

Et après ?

Récoltez le chou-rave en l'arrachant à partir de juin, au fur et à mesure des besoins, quand les têtes atteignent 6 à 8 cm de diamètre. Au-delà, elles deviennent filandreuses et inconsommables. Vous pouvez les conserver tout l'hiver dans du sable sec ou bien les congeler.

Associations

Le chou-rave n'aime pas les fraisiers, comme tous les choux, mais n'apprécie pas non plus les tomates ni les haricots à rames.

SEMIS

J	F	M	A	M	J
J	A	S	O	N	D

1 sachet de graines pour une vingtaine de pieds

fraîche et profonde

3 à 4 mois

Brassica rapa **Navet**

Le navet est de moins en moins courant dans nos potagers. C'est pourtant dommage de s'en priver, car il apporte en cuisine des saveurs toutes particulières.

Variétés conseillées

'Market Express' et 'Petrowski' raviront les jardiniers pressés car ils sont bons à récolter en 5 à 6 semaines ; le second a un goût très parfumé. 'Rouge plat hâtif à feuille entière' est une valeur sûre.

Comment le réussir ?

Mélangez les graines fines avec du sable et semez dans un sillon de 1 cm de profondeur, en évitant de serrer trop les semences. Recouvrez de terre tamisée, tassez avec le dos du râteau et arrosez en pluie fine. Quand les plants ont 4 feuilles, éclaircissez pour n'en garder qu'un tous les 12 cm.

Et après ?

Paillez la terre pour la conserver fraîche et sans mauvaises herbes. Arrachez les navets au fur et à mesure de vos besoins, en tirant sur la base du feuillage, dès que la racine atteint 3 à 5 cm de diamètre.

Bon à savoir

Le navet est la cible de plusieurs parasites et maladies. Si vous ne souhaitez pas passer la saison le doigt sur la gâchette du pulvérisateur, abstenez-vous de le cultiver.

Associations

Le navet est un bon compagnon pour les autres légumes. Le pois aurait une action stimulante sur sa croissance.

SEMIS

J F M A M J

J A S O N D

1/2 sachet de grain sur 2 m pour 15 pie

légère et fraîche

2 à 3 mois

Capsicum annuum **Poivron**

À moins d'habiter dans le Midi, il est difficile d'obtenir au jardin des poivrons aussi gros que ceux que l'on trouve sur le marché, mais leur culture est facile.

Variétés conseillées

'Doux Long des Landes' produit rapidement et est intéressant pour les régions à été court. 'Ariane' présente d'originaux et nombreux fruits orangés ; les poivrons du 'Petit Marseillais' se dégustent grillés en apéritif.

Comment le réussir ?

La chaleur est l'élément-clé de la réussite du poivron. Semez-le en godet de tourbe, sous abri chauffé, en mars. Plantez-le dehors 2 mois plus tard, quand tout risque de gelée sera écarté et que la terre sera bien réchauffée.

Et après ?

Quant les tiges font environ 20 cm, coupez-les de 10 cm pour faciliter le départ de nouveaux rameaux. Faites serpenter un tuyau poreux entre les pieds et paillez avec des coques de cacao. Récoltez les poivrons au fur et à mesure de vos besoins, quand ils sont verts, jaunes ou rouges.

Bon à savoir

Piment et poivron, c'est bonnet blanc et blanc bonnet. Le premier est fort avec une saveur brûlante, l'autre est doux, avec des fruits plus gros.

Associations

Le poivron s'entend bien avec les autres légumes. Plantez-le avec les plantes de sa famille comme la tomate ou l'aubergine, ou placez-le près du basilic.

SEMIS

J F M A M

J A S O N

20 graines pour 6 pieds

profonde, riche et fraîche

5 mois

Cichorium endivia **Chicorée**

Chicorées scaroles et frisées sont des salades croquantes et amères qui s'apprécient crues ou cuites. C'est à partir de la chicorée de Bruxelles que l'on produit l'endive.

Variétés conseillées

La plus fine des frisées reste 'Extra Fine de Louviers'. 'Wallonne' et 'de Ruffec' sont plus résistantes au froid et donc mieux adaptées pour les cultures d'automne. Chez les scaroles, vous ne serez pas déçus avec 'Géante Maraîchère'. Quant à 'Cornet d'Anjou', elle est excellente pour les cultures d'automne sous climat doux.

Comment la réussir ?

Semez en place à partir de mai. Le cas échéant, retardez vos semis en attendant que la terre soit bien chaude, sinon ces salades montent à graines. Éclaircissez 3 semaines plus tard en conservant un plant tous les 30 cm.

Et après ?

Arrosez-la régulièrement pour qu'elle ne prenne pas trop d'amertume. En cas de sécheresse prolongée, paillez la terre pour conserver la fraîcheur. Récoltez à partir d'août.

Bon à savoir

Elle sera moins amère si vous faites blanchir ses feuilles. Une semaine avant la récolte, dès qu'elle atteint 20 cm de diamètre, couvrez son cœur avec un pot de terre renversé.

Associations

La chicorée apprécie tous les légumes. Quand vous la récoltez, épluchez-la sur place, car ses feuilles renferment du précieux potassium, utile aux autres légumes.

SEMIS					
J	F	M	A	M	J
J	A	S	O	N	D

1/2 sachet de graines sur 2 m toutes les 3 semaines

meuble, profonde et fraîche

3 à 4 mois

Cucumis melo **Melon**

Le melon a besoin de chaleur. Il n'y a guère que dans l'Ouest et le Midi que l'on peut le cultiver en pleine terre, sans protection ni fastidieux semis préalable.

Variétés conseillées

Les plus sucrées sont 'Petit Gris de Rennes', qui n'a rien à voir avec les escargots, 'Noir des Carmes' et 'Fidji'. Essayez aussi 'Banana', une variété au goût… d'ananas !

Comment le réussir ?

Ameublissez la terre en lui incorporant du compost. Tous les mètres, faites un trou de 3 cm de profondeur, grand comme le plat de la main, et déposez-y 3 graines. Recouvrez de terre fine et arrosez. Quand les plants atteignent 5 cm environ, ne gardez que le plus vigoureux.

Et après ?

En juillet, quand les melons atteignent la taille d'une noix, coupez la tige deux feuilles au-dessus du cinquième melon. Cueillez-les au fur et à mesure des besoins, en commençant par les plus parfumés. C'est en effet le meilleur indice pour connaître le moment de la récolte.

Bon à savoir

Ne croyez pas la rumeur selon laquelle il y aurait des melons mâles et femelles ! Les melons n'ont pas de sexe.

Associations

Le melon n'apprécie pas les légumes de sa propre famille comme les concombres ou les courges, et il n'aime pas non plus la proximité des pommes de terre. Par contre, il apprécie l'ombre dispensée par un rang de maïs doux.

SEMIS					
J	F	M	A	M	J
J	A	S	O	N	D

30 graines pour 10 pieds

fraîche et profonde

4 ou 5 mois

Cucumis sativus Concombre

Magnifique plante aux larges feuilles et aux grandes fleurs jaunes, le concombre mérite une place dans votre potager. Sa culture est très facile si vous pouvez éviter de laisser la terre s'assécher.

SEMIS
J F M A M
J A S O N

9 graines pour 3 pieds

meuble et profonde, pas trop humide

3 à 4 mois

Variétés conseillées

Attention, ne pensez pas récolter de longs concombres vert foncé et bien lisses comme chez l'épicier. Les vôtres seront petits, gros et légèrement épineux. Mais quel goût ! 'Marketer' est une valeur sûre. Si vous ne le trouvez pas, essayez 'Long vert amélioré'.

Comment le réussir ?

Préparez des trous de 20 cm de côté et de profondeur, espacés de 60 cm, puis remplissez-les de compost. Avec le doigt, enterrez-y 3 graines à 3 cm de profondeur et recouvrez de terre fine. Arrosez beaucoup. Quand les plants font 8 cm de haut, éclaircissez pour ne garder que le plus vigoureux. Paillez pour garder la fraîcheur de la terre.

Et après ?

Arrosez au tuyau poreux pour ne pas mouiller le feuillage, sensible aux maladies. Récoltez à partir du mois d'août, au fur et à mesure de vos besoins.

Bon à savoir

Savez-vous que le concombre peut se consommer cuit, farci, en gratin ou en potage ?

Associations

Il n'aime pas les tomates ni les pommes de terre.

Cucumis sativus Cornichon

Sa cueillette quotidienne est fastidieuse et pas très agréable, et la préparation un peu longuette. Mais quel plaisir, au cœur de l'hiver, de déguster ses propres cornichons, parfumés à sa manière, avec laurier ou estragon.

SEMIS
J F M A M
J A S O N

6 graines pour 2 pieds

meuble et profonde, pas trop humide

3 à 4 mois

Variétés conseillées

Le plus connu est 'Vert Petit de Paris', mais il faut essayer 'Stimora', très productif et résistant aux maladies.

Comment le réussir ?

Incorporez un engrais fort en potasse à la terre. Préparez des trous de 20 cm de côté et de profondeur, espacés de 80 cm, et remplissez-les de compost. Avec le doigt, enterrez-y 3 graines à 3 cm de profondeur et couvrez de terre fine. Arrosez beaucoup. Quand les plants atteignent 8 cm de haut, éclaircissez pour ne garder que le plus vigoureux. Paillez pour préserver la fraîcheur de la terre.

Et après ?

Récoltez tous les jours à partir d'août, quand les cornichons atteignent 5 cm de longueur. Si vous les laissez pousser, ils deviendront des concombres.

Bon à savoir

Deux pieds permettent d'obtenir environ deux bocaux d'un litre de cornichons confits au vinaigre. Grattez-les avec une brosse en Nylon, noyez-les dans du gros sel pendant 24 heures, essuyez-les et mettez-les en bocaux, recouverts de vinaigre et accompagnés de petits oignons blancs.

Associations

Il n'apprécie pas les tomates ni les pommes de terre.

Cucurbita maxima **Potiron**

On peut aimer ou pas le potage au potiron, servi dans le fruit évidé. Mais que le potager est beau en automne avec ces gros fruits orangés qui tranchent sur la terre !

Variétés conseillées

'Rouge Très Hâtif d'Étampes' est superbe si la terre est un peu acide. Il se conserve bien. 'Crown Prince' est excellent et 'Atlantic Giant' est la variété des records.

Comment le réussir ?

Faites des trous de 20 cm de côté et de profondeur, remplis de compost et espacés de 1 m. Avec le doigt, enterrez-y 3 graines à 2 cm de profondeur et couvrez de terreau. Arrosez beaucoup. Quand les plants font 8 cm de haut, éclaircissez pour ne garder que le plus vigoureux. Paillez avec des coques de cacao pour préserver la fraîcheur de la terre et arrosez régulièrement sans mouiller les feuilles.

Et après ?

Pincez les tiges pour ne garder qu'un ou deux fruits par pied. Quand les fruits sont gros comme un ballon de handball, posez-les sur une planche pour qu'ils ne pourrissent pas au contact du sol. Récoltez 4 mois après l'éclaircissage, en coupant le pédoncule au sécateur.

Bon à savoir

Dans les concours du plus gros fruit, il n'est pas rare d'obtenir des spécimens de 200 kg et plus !

Associations

Seule la pomme de terre perturbe sa croissance.

SEMIS					
J	F	M	**A**	**M**	J
J	A	S	O	N	D

6 graines pour 2 pieds

meuble et fraîche

5 ou 6 mois

Cucurbita pepo **Courgette**

C'est le légume des débutants : facile à réussir, jamais malade au point de devoir la traiter et qui donne une production abondante. C'est aussi une superbe plante fleurie.

Variétés conseillées

'Gold Rush' est une courgette jaune, curiosité pour les convives. 'Grisette de Provence' et 'Ronde de Nice' affichent leur terroir de prédilection et 'Verte des Maraîchers' est passe-partout.

Comment la réussir ?

Faites des trous de 20 cm de côté et de profondeur, espacés de 1 m, et remplissez-les de compost. Avec le doigt, enterrez-y 3 graines à 2 cm de profondeur et couvrez de terreau. Arrosez beaucoup. Quand les plants font 8 cm de haut, éclaircissez pour ne conserver que le plus vigoureux. Paillez pour garder la fraîcheur de la terre et arrosez régulièrement sans mouiller les feuilles.

Et après ?

Récoltez à partir de juin, au fur et à mesure de la production, quand les courgettes atteignent 15 à 20 cm de longueur. Plus grosses, elles sont moins savoureuses et creuses, juste bonnes à farcir.

Bon à savoir

Les fleurs des courgettes se consomment en beignets ou en omelette.

Associations

Évitez-lui absolument le voisinage de la pomme de terre.

SEMIS					
J	F	M	**A**	**M**	J
J	A	S	O	N	D

12 graines pour 4 pieds

meuble et fraîche

2 mois

Daucus carota **Carotte**

La carotte compterait parmi les 3 légumes les plus cultivés dans le monde. Elle est facile à réussir si votre terre n'est pas trop dure et si elle est dépourvue de cailloux.

Variétés conseillées

Ne mangez plus de « carottes à lapins » ! Semez des variétés plus savoureuses comme 'Juwarot', 'Turbo', 'Tango', 'Sprinter' et 'Rothild'.

Comment la réussir ?

Semez en place dans un sillon de 1 cm de profondeur seulement. Éclaircissez en ne conservant qu'un plant tous les 2 ou 3 cm quand les plantules atteignent 3 cm de haut, puis tous les 7 ou 8 cm quand les carottes sont grosses comme le petit doigt. Pour que les racines ne se creusent pas, maintenez le sol frais en arrosant dès que la surface sèche. Vous pouvez pailler avec des coques de cacao.

Et après ?

En vous aidant d'une fourche pour les soulever sans les casser, arrachez les carottes au fur et à mesure de vos besoins. Tassez autour du pied des carottes restées en terre.

Bon à savoir

Pour éloigner la mouche de la carotte, dont la larve creuse des galeries dans la racine, saupoudrez du marc de café sur le rang de semis après avoir tassé avec le râteau.

Associations

Elle n'aime pas la présence de l'aneth. La proximité de l'oignon, du poireau ou de l'échalote repousse la célèbre mouche de la carotte.

SEMIS

J	F	M	A	M	J
J	A	S	O	N	D

1 sachet de graines tous les mois

meuble, consistante, riche en humus

3 mois

Eruca sativa **Roquette**

On peut en faire du potage, elle accompagne avec bonheur les viandes rouges, mais on la consomme surtout en salade, mélangée ou non à la laitue, la chicorée, etc. Pour amateurs de fortes saveurs.

Variété conseillée

Il n'existe pas de variété de roquette cultivée, mais vous pouvez trouver des graines de roquette sauvage au goût encore plus fort.

Comment la réussir ?

La roquette a un cycle de culture très rapide, quel que soit le climat. Semez-la en sillon d'un demi-centimètre de profondeur, recouvrez à peine de terre fine et tassez avec le dos du râteau. Arrosez à la pomme d'arrosoir et maintenez la terre fraîche jusqu'à la récolte.

Et après ?

Quand les plantules atteignent 5 cm, éclaircissez pour ne garder qu'un plant tous les 8 à 10 cm. Récoltez en prélevant les jeunes feuilles au fur et à mesure. Elles ont une saveur âcre et un goût rappelant celui de la noix.

Bon à savoir

Ne laissez pas sécher la terre au pied de vos roquettes, car elles montent rapidement à graines et les feuilles pourraient devenir encore plus coriaces.

Associations

La roquette ne perturbe aucun légume et recherche le voisinage de ceux qui peuvent lui procurer un peu d'ombre.

SEMIS

J	F	M	A	M	J
J	A	S	O	N	D

1/4 de sachet de graines tous les mois

fraîche, fertile et légère

1,5 mois

Foeniculum dulce Fenouil bulbeux

Chacun connaît le parfum anisé du fenouil. Il est riche en fibres et en vitamines et c'est une belle plante, très décorative au potager, qui peut atteindre 1 m de hauteur.

Variétés conseillées

'Doux Long de Florence' est évidemment adapté au climat méditerranéen. 'Rudy' est une nouvelle variété qui se trouve bien partout.

Comment le réussir ?

Le fenouil craint le froid. Attendez que les gelées soient définitivement passées pour le semer. Disposez les graines dans un sillon de 5 cm de profondeur, tassez et arrosez. Quand les plantules atteignent 10 cm, buttez-les en ramenant de la terre sur leur base sur 5 cm.

Et après ?

Quand le bulbe atteint la taille d'un poing (surveillez la partie qui dépasse de la terre), buttez à nouveau pour le mettre à l'abri de la lumière. Il deviendra blanc et surtout plus tendre. Récoltez au fur et à mesure des besoins, 10 à 15 jours plus tard.

Bon à savoir

Attention, si vous stockez le fenouil au réfrigérateur, il risque de parfumer tout ce qui est au frais ! Prenez la précaution de le placer dans une boîte étanche.

Associations

Le fenouil est un mauvais compagnon. Il ne tolère pas la présence de la tomate, du haricot et du pois, ni celle de la coriandre ou de l'échalote. Cultivez-le seul dans son coin.

SEMIS

J	F	M	A	M	J
J	A	S	O	N	D

25 graines pour 25 pieds

légère et fraîche

4 à 6 mois

Lactuca intybacea Laitue à couper

On la dit « à couper », car on la récolte non pas en cueillant toute la pomme en une seule fois, mais feuille à feuille. Le plant continue ainsi de produire d'autres feuilles.

Variétés conseillées

'À couper feuille de chêne', 'Kristinas' et 'Cerbiata' sont des valeurs sûres.

Comment la réussir ?

Les graines de laitue à couper sont petites. Mélangez-les avec du sable fin pour ne pas les semer trop serrées. Faites un sillon d'un demi-centimètre de profondeur et semez sans avoir la main lourde. Recouvrez à peine de terreau ou de terre fine et tassez avec le dos du râteau. Quand les plants atteignent 8 à 10 cm de haut, arrachez les plus faibles pour n'en conserver qu'un tous les 20 cm. Ne jetez pas les plants arrachés, faites-en plutôt une salade !

Et après ?

Maintenez la terre fraîche en la couvrant de paillettes de lin ou de tontes de gazon et en arrosant régulièrement. Récoltez en cueillant les feuilles une à une.

Bon à savoir

Attention, coupez bien au-dessus du collet (à la limite entre les racines et la base des feuilles), sinon rien ne repousse.

Associations

La laitue à couper voisine bien avec les concombres et les choux, car elle profite de leur ombre. Elle apprécie en outre la présence des oignons et des échalotes, dont l'odeur forte éloigne les lapins.

SEMIS

J	F	M	A	M	J
J	A	S	O	N	D

1/4 de sachet de graines sur 2 m tous les mois

ameublie et fraîche

4 à 5 semaines

Lactuca sativa **Laitue**

Croquante, tendre, verte, rouge, à feuilles lisses ou frisées, il y en a pour tous les goûts ! À protéger contre les limaces.

SEMIS					
J	F	M	A	M	J
J	A	S	O	N	D

1/4 de sachet de graines tous les mois

ameublie et fraîche

2 mois

Variétés conseillées

Chez les vraies laitues, notez 'Appia' et 'Nadine' pour les cultures de printemps, 'Barbarossa' et 'Merveille des 4 saisons' pour les cultures d'été. Chez les batavias, 'Rouge Grenobloise' est incontournable et, chez les romaines, essayez 'Pomme en Terre'. 'Ornella' est une bonne sucrine.

Comment la réussir ?

Les graines de laitue sont petites. Mélangez-les avec du sable fin pour ne pas les semer trop serrées. Faites un sillon de 0,5 cm de profondeur et semez. Recouvrez à peine de terreau ou de terre fine et tassez avec le dos du râteau. Quand les plants atteignent 8 à 10 cm de haut, arrachez les plus faibles pour n'en conserver qu'un tous les 25 cm.

Et après ?

Paillez pour maintenir la terre fraîche et arrosez régulièrement. Récoltez-les en coupant la racine au ras du sol, dès que la pomme est bien formée.

Bon à savoir

Contrairement aux idées reçues, la batavia, la romaine, la sucrine ou la feuille de chêne sont des laitues. Semez-en 2 m tous les 10 jours, pour échelonner les récoltes.

Associations

La laitue est une bonne voisine, surtout pour les radis. Elle apprécie en outre la présence des oignons et des échalotes, dont l'odeur forte éloigne les lapins.

Lycopersicon esculentum **Tomate**

Il existe des centaines de variétés de tomates rouges, mais aussi vertes, jaunes ou même blanches.

SEMIS					
J	F	M	A	M	J
J	A	S	O	N	D

30 graines pour 10 pieds

meuble, fraîche et riche en humus

5 mois

Variétés conseillées

'Beefmaster' est une variété à fruits énormes. 'Superprécoce Marmande' est une valeur sûre pour farcir. 'Rose de Berne' est sucrée et la chair de la 'Roma' est ferme. Plantez 2 rangs d'une variété connue et essayez l'une des nombreuses autres disponibles dans les Jardineries.

Comment la réussir ?

Semez 3 graines dans des godets de tourbe, sous abri chauffé, en mars ou en avril, 6 semaines avant de les planter au jardin. Quand les plantules font 5 à 8 cm, arrachez les deux plus chétives. Vous planterez les autres au potager, avec leur godet, dès que leur diamètre sera de la taille d'un crayon et qu'il n'y aura plus de risque de gel.

Et après ?

Attachez la tige principale le long d'un tuteur au fur et à mesure de la croissance. Supprimez tous les rameaux qui démarrent à l'aisselle des feuilles. Paillez la terre et faites serpenter un tuyau poreux entre les plants. Cueillez les tomates en cassant leur pédoncule d'un coup sec. Fichez un fil de cuivre à travers la tige, à 10 cm du sol, pour la protéger contre le mildiou.

Associations

Elle n'aime pas le fenouil ni le chou, mais œillets d'Inde, carottes et aromatiques la protègent de certaines maladies.

Lycopersicon esculentum **Tomate-cerise**

La tomate-cerise est le légume idéal pour le potager sur le balcon. Au jardin, plantez-la à portée de main, le long des allées ou près des aires de détente, pour pouvoir grappiller au passage.

SEMIS

J	F	M	A	M	J
J	A	S	O	N	D

15 graines pour 5 pieds

meuble, fraîche et riche en humus

5 mois

Variétés conseillées

La 'Sweet Cent' est la plus sucrée, 'Red Pear' et 'Yellow Pearshaped' sont en forme de poire rouge et jaune, et 'Red Currant' a des fruits gros comme des groseilles, idéal pour étonner à l'apéritif!

Comment la réussir ?

Semez 3 graines dans des godets de tourbe, sous abri chauffé, en mars ou en avril. Quand les plantules font 5 à 8 cm, arrachez les deux plus chétives. Plantez en pot dès que leur diamètre atteint la taille d'un crayon, mais ne les sortez dehors que lorsqu'il n'y aura plus de risque de gel.

Et après ?

Paillez la terre pour qu'elle reste fraîche et arrosez tous les jours, directement sur la terre du pot pour ne pas mouiller le feuillage. Cueillez les tomates au fur et à mesure de vos envies, en tirant d'un coup sec sur les fruits. Leur peau est souvent ferme et ne s'écrase pas sous la traction.

Bon à savoir

Leur port trapu les dispense souvent de tuteur.

Associations

Plantez dans le même pot une tomate-cerise et un œillet d'Inde. Le résultat est joli et l'œillet va protéger la tomate.

Malus communis **Pommier**

Comme le poirier, le pommier pousse partout, sauf dans le Midi où il fait trop chaud l'été et pas assez froid l'hiver.

PLANTATION

J	F	M	A	M	J
J	A	S	O	N	D

1 à 2 arbres palissés

profonde, fraîche et bien drainée

3 à 5 ans

Variétés conseillées

Retenez entre autres 'Reine des Reinettes', idéale pour les tartes, 'Transparente de Croncels', tendre et juteuse, et 'Delbardestivale' au goût de noisette.

Comment le réussir ?

Optez pour des arbres déjà formés, à palisser le long d'un mur. Préférez les sujets vendus à racines nues, à planter en hiver, hors périodes de gel. Faites un trou carré d'au moins 50 cm de côté et épandez une couche de 10 cm de graviers pour assurer le drainage. Installez l'arbre, sachant que le collet doit affleurer le niveau du sol.

Et après ?

Palissez l'arbre le long de son support, il donnera des fruits dès l'année suivante. Vous devrez le tailler tous les ans. Quelques pommes tombées au pied de l'arbre donnent en général le signal de la cueillette. Sur un même pommier, tous les fruits sont bons à cueillir en même temps.

Bon à savoir

Quand vous achetez un pommier, soyez exigeant sur le porte-greffe selon que vous souhaitez un arbre qui produise rapidement, qui restera petit ou qui vivra centenaire!

Associations

Le pommier n'a pas d'ennemis. Il doit toujours être planté près d'un pommier de variété compatible pour assurer sa pollinisation. Demandez conseil à un pépiniériste.

Mentha **Menthe**

Même si vous ne la consommez pas, elle parfume agréablement le potager et repousse bon nombre de parasites.

Variétés conseillées

Il existe beaucoup d'espèces et de variétés de menthe. La menthe verte est la plus connue, surtout pour son emploi dans le thé *(Mentha spicata)*, mais retenez aussi *Mentha piperata*, la menthe poivrée, encore plus parfumée, et sa variété 'Citron' dont le nom parle de lui-même.

Comment la réussir ?

Ne vous lancez pas dans le semis : achetez plutôt des plants ou prélevez des éclats sur des touffes existantes chez des amis. Opérez en avril. Installez vos jeunes plants dans une terre meuble et arrosez immédiatement pour faciliter l'enracinement.

Et après ?

Récoltez les feuilles au fur et à mesure des besoins, à partir de l'été pour les plantations d'avril, du printemps à l'automne pour les autres. Coupez systématiquement les fleurs avant leur apparition.

Bon à savoir

La menthe est une envahisseuse ! Pour ne pas la voir se répandre dans tout le potager, plantez-la en pot et enterrez-la en laissant dépasser le bord du pot de 1 à 2 cm.

Associations

Elle n'a pas d'ennemis au potager, mais elle est utile à de nombreux légumes : elle fait fuir la chenille du chou, ainsi que les fourmis qui élèvent des pucerons sur les tomates.

PLANTATION				
J	F	M	A	M
J	A	S	O	N

1 pot

fraîche et meuble

3 mois

Ocimum basilicum **Basilic**

Le basilic est annuel : il doit être replanté tous les ans, en pot ou au potager. Emblématique de la Provence, il parfume de nombreux plats.

Variétés conseillées

'Grand Vert' est le plus courant. Essayez aussi les variétés 'Anis', 'Cannelle' ou 'Réglisse', dont le nom évoque le parfum, ou encore 'Le Marseillais', le basilic à pistou.

Comment le réussir ?

Oubliez le semis, trop délicat à réussir. Achetez directement du plant en godet et installez-le au soleil. Maintenez le sol frais, quitte à le pailler. Supprimez les fleurs en formation pour favoriser le départ de nouveaux rameaux feuillus.

Et après ?

Cueillez les feuilles de basilic au fur et à mesure de vos besoins en les pinçant entre le pouce et l'index. Prélevez-les au dernier moment, juste avant incorporation dans vos préparations, pour profiter au mieux de leur parfum. Utilisez-le plutôt cru.

Bon à savoir

Pour conserver les feuilles de basilic, cueillez-les avant l'hiver, hachez-les finement à la main, placez-les dans un bocal et recouvrez-les d'huile d'olive.

Associations

Le basilic est « amoureux » de la tomate : il éloigne certains de ses parasites et favoriserait sa croissance.

PLANTATION				
J	F	M	A	M
J	A	S	O	N

3 pieds

meuble et fraîche, riche en humus

1 mois

Phaseolus vulgaris **Haricot à écosser**

Le haricot à écosser est plus long à produire que le haricot vert, car il faut lui laisser le temps de former ses grains.

SEMIS					
J	F	M	A	M	J
J	A	S	O	N	D

1/2 boîte de graines pour 1 rang de 10 m

ameublie, fraîche

3 à 4,5 mois

Variétés conseillées

Pour une récolte à consommer fraîche, retenez 'Alaric' et 'Coco Blanc Gautier' chez les nains. Pour des haricots à conserver secs, retenez 'St Esprit à Œil Rouge', un nain au goût de châtaigne, et 'Soissons Blanc' chez les grimpants.

Comment le réussir ?

La veille du semis, placez les graines dans de l'eau tiède et laissez-les tremper toute la nuit. Tracez un sillon de 3 cm de profondeur et posez une graine tous les 5 cm. Recouvrez de terreau, tassez, arrosez. Quand les plants atteignent une douzaine de centimètres, buttez-les puis installez les rames (les tuteurs) pour les variétés grimpantes.

Et après ?

Maintenez la terre fraîche en paillant et arrosez au tuyau poreux. Récoltez les haricots à manger frais quand les gousses sont bien pleines et bosselées par les grains, et ceux à manger secs quand les gousses sont desséchées.

Bon à savoir

Il existe dans le commerce des filets à ramer, à accrocher entre deux poteaux, plus pratiques que les piquets.

Associations

Les haricots détestent l'ail, l'oignon, l'échalote et les autres légumes de la même famille. Plantés à proximité, les œillets d'Inde et la sarriette éloignent certains de leurs parasites. Les carottes et les fraises agissent comme des stimulants.

Phaseolus vulgaris **Haricot vert nain**

Le haricot vert est à la fois très facile à cultiver et très productif. Ne vous laissez pas déborder !

SEMIS					
J	F	M	A	M	J
J	A	S	O	N	D

1/2 boîte de graines tous les 10 jours

ameublie, fraîche

2 à 2,5 mois

Variétés conseillées

Les variétés dites « filets sans fils » sont à privilégier, car elles donnent les haricots verts les plus tendres et les plus savoureux. Retenez 'Novirex', 'Oxinel' et 'Aiguillon'.

Comment le réussir ?

La veille du semis, placez les graines dans de l'eau tiède et laissez-les tremper toute une nuit. Tracez un sillon de 3 cm de profondeur et posez une graine tous les 5 cm. Recouvrez de terreau et tassez avec le dos du râteau. Arrosez et maintenez frais. Semez un rang de 10 m tous les 10 jours pour échelonner la récolte. Quand les plants atteignent une douzaine de centimètres, buttez-les.

Et après ?

Maintenez la terre fraîche en la couvrant de paillettes de lin ou de tontes de gazon et en arrosant au tuyau poreux. Récoltez les haricots verts tous les 2 jours, dès qu'ils atteignent 8 à 10 cm de long. Ils sont meilleurs et sans fils.

Bon à savoir

La terre doit être chaude pour que le semis réussisse. Plantez un doigt dans la terre. Vous devez ressentir une impression de chaleur. Sinon, attendez quelques jours.

Associations

Les haricots détestent l'ail et l'échalote, mais aussi les glaïeuls. Plantés à proximité, les œillets d'Inde et la sarriette éloignent certains de leurs parasites. Les carottes et les fraises agissent comme des stimulants.

Pisum sativum **Pois**

La saveur des pois du jardin n'a rien à voir avec celle des petits pois en boîte, même associés à des petites carottes. Ne vous en privez pas!

Variétés conseillées
'Douce Provence' et 'Serpette Cent pour Un' sont des valeurs sûres pour un semis entre novembre et mars. Pour les semis de printemps, préférez 'Utrillo' ou 'Lynx', plus sensibles au froid mais plus sucrés.

Comment le réussir ?
Privilégiez les variétés naines que vous n'aurez pas à tuteurer. Ameublissez bien la terre et semez 5 ou 6 graines dans des trous de 2 cm de profondeur, grands comme la paume de la main. Prévoyez un espacement de 40 cm. Recouvrez de terre et arrosez pour maintenir frais, mais sans excès car vous feriez pourrir les graines.

Et après ?
Quand les plants atteignent 10 à 15 cm de haut, buttez-les et paillez la terre. Cueillez quand les gousses bien vertes deviennent bosselées. Pour ne pas arracher toute la plante,

tenez la tige d'une main et coupez le pédoncule de l'autre. À consommer dans la journée ou à congeler.

Bon à savoir
Dans les régions à hiver doux, semez les pois à graines rondes de novembre à février pour une récolte de printemps.

Associations
Il pousse mal à proximité de l'ail, de l'oignon et du glaïeul.

SEMIS
J F M A M J
J A S O N D

100 graines

fraîche et bien aérée

3 à 4 mois

Pyrus communis **Poirier**

Le poirier pousse partout, sauf dans le Midi où il fait trop chaud l'été et pas assez froid l'hiver.

Variétés conseillées
Difficile de conseiller des variétés tant il y en a! Parmi celles qui produisent en été, retenez 'Beurré Giffard', 'Delbard Précoce' et 'Williams'.

Comment le réussir ?
Optez pour des arbres plats, déjà formés, à palisser le long d'un mur ou sur des fils de fer. Préférez les sujets vendus à racines nues, à planter en hiver, hors périodes de gel. Faites un trou carré d'au moins 50 cm de côté et épandez une couche de 10 cm de graviers pour assurer le drainage. Installez l'arbre, sachant que le collet (la limite entre les racines et le tronc) doit se trouver au niveau du sol.

Et après ?
Arrosez immédiatement et abondamment pour bien mettre en contact terre et racines. Guidez les branches le long de la structure. Ne taillez pas après la plantation, ce sera pour le mois de février de l'année suivante.

Bon à savoir
Tentez la poire en bouteille en introduisant un fruit quand il passe encore dans le goulot. À maturité, coupez le pétiole et remplissez la bouteille d'alcool de poire.

Associations
Plantez à proximité un poirier de variété compatible pour assurer la pollinisation. Il faudrait plusieurs pages pour les citer toutes: renseignez-vous près d'un pépiniériste.

PLANTATION
J F M A M J
J A S O N D

1 à 2 arbres palissés

profonde, riche et fraîche

4 à 8 ans

Raphanus sativus **Radis**

Non seulement le radis rose est un incontournable du potager, mais il est très facile à réussir.

Variétés conseillées
Dans les variétés à racines longues, de saveur douce, retenez 'Mirabeau', savoureux, ou 'De dix-huit jours'. Pour les radis à racines sphériques, plus piquants, choisissez 'Gaudry', pour les premiers semis de l'année, ou 'Gloriette'.

Comment le réussir ?
Semez-le dès mars. Pour les radis à racines longues, tracez un sillon de 2 cm de profondeur et posez une graine tous les 2 cm. Recouvrez de terre fine. Pour les radis à racines rondes, semez à la volée sur la terre ratissée et tassez avec le dos du râteau. Arrosez à la pomme d'arrosoir.

Et après ?
Il suffit d'attendre 4 à 5 semaines pour savourer votre première récolte. Si vous avez maintenu la terre fraîche en l'arrosant dès qu'elle sèche en surface (quitte à recommencer tous les soirs), il suffit d'arracher la racine en tirant sur la base des feuilles.

Bon à savoir
Pour les empêcher de se creuser, ne les laissez pas grossir. Passez dans le rang tous les 2 ou 3 jours et arrachez les radis les plus gros. Cela laisse de la place pour les autres. Semez tous les 15 jours pour échelonner les récoltes.

Association défavorable
Évitez-leur à tout prix la proximité du cerfeuil, qui rend leurs racines piquantes.

SEMIS					
J	F	M	A	M	J
J	A	S	O	N	D

5 sachets de graines par an

fraîche

4 à 6 semaines

Rheum rhabarbarum **Rhubarbe**

Délicieuse en confiture ou en tarte, la rhubarbe sert également d'abri aux crapauds, aux orvets et aux hérissons, gros consommateurs de limaces et de vers en tout genre.

Variété conseillée
Il existe peu de variétés différentes proposées à la vente. Cela dit, les goûts varient peu de l'une à l'autre.

Comment la réussir ?
Vous pouvez la semer, mais vous obtiendrez plus rapidement un pied productif en achetant un plant ou en prélevant un éclat sur une souche existante. Plantez-la au printemps, dans une terre bien ameublie, dans un coin du potager où elle ne gênera pas : il lui faut 1 m^2 minimum.

Et après ?
Arrosez-la beaucoup, au goulot, lors de la première année. Par la suite, ses grosses racines charnues s'enfonceront seules dans la terre pour rechercher l'humidité. Vous pouvez commencer à cueillir les pétioles l'année suivant la plantation, en mai et juin, puis en septembre. Cassez-les simplement au ras du sol, en gardant des jeunes feuilles.

Bon à savoir
Attention, on ne consomme que les pétioles sur la rhubarbe. Les feuilles contiennent en effet une substance toxique que n'apprécierait pas votre organisme.

Associations
Aucun légume ne la gêne, mais sa taille et sa consommation d'eau peuvent ne pas être appréciées par ses voisins.

PLANTATION					
J	F	M	A	M	J
J	A	S	O	N	D

1 ou 2 pieds

profonde et fraîche, non calcaire

1,5 an

Ribes nigrum Cassis

Coulis, glaces, confitures, tartes et kirs justifient la plantation de ces généreux arbustes fruitiers au potager.

PLANTATION					
J	F	M	A	M	J
J	A	S	O	N	D

1 ou 2 arbustes

profonde, fraîche mais bien drainée

3 ans

Variétés conseillées

'Noir de Bourgogne' et 'Géant de Boskoop' doivent être plantés ensemble car ils se pollinisent mutuellement. Essayez aussi la caseille, un hybride entre cassissier et groseillier à maquereau.

Comment le réussir ?

Le cassissier est vendu à racines nues en hiver, avec 3 à 5 belles branches partant de la souche, ou en conteneur toute l'année. Ce dernier est plus attractif, surtout en juillet, car il porte quelques fruits, mais sa reprise est plus délicate. Faites un trou carré de 40 cm de côté et autant de profondeur. Épandez 10 cm de gravier dans le fond. Installez le cassissier et comblez avec un mélange de terre et de compost en enterrant le collet. Arrosez.

Et après ?

Taillez en février, chaque année : supprimez au ras de la souche les tiges les plus vieilles, les plus grêles et celles qui traînent par terre. À partir de juin, couvrez votre arbuste avec un filet pour déjouer la gourmandise des oiseaux. Récoltez en juillet en coupant les grappes de fruits avec des ciseaux.

Associations

Le cassissier est un bon voisin. Il apprécie les plantes tapissantes qui limitent l'invasion des mauvaises herbes.

Ribes rubrum Groseillier

Si le groseillier supporte mal les fortes chaleurs du Midi, il apprécie le Val de Loire, la Lorraine et les régions à saisons marquées. C'est un arbre à fruits rouges incontournable.

PLANTATION					
J	F	M	A	M	J
J	A	S	O	N	D

1 ou 2 arbustes

fraîche mais bien drainée

3 à 4 ans

Variétés conseillées

'Versaillaise rouge' est une variété très productive. 'Gloire des Sablons' se distingue par ses fruits blancs et sucrés.

Comment le réussir ?

Le groseillier est vendu à racines nues ou enveloppées dans un manchon de tourbe en hiver, ou en conteneur toute l'année. Les plantations hivernales sont plus souvent couronnées de succès. Faites un trou carré de 40 cm de côté et autant de profondeur. Épandez 10 cm de gravier dans le fond pour le drainage. Installez l'arbuste et comblez de terre enrichie de compost, sans enterrer la base du tronc. Arrosez et paillez immédiatement.

Et après ?

En février, taillez toutes les branches principales à la moitié de leur longueur. Puis coupez les rameaux latéraux au-dessus du premier bourgeon. Récoltez en juillet.

Bon à savoir

Le groseillier à maquereau est une autre espèce, à gros fruits solitaires et à épines, qui apprécie les climats frais.

Associations

Le groseillier n'a pas d'ennemis au potager. La tomate éloignerait de lui certains parasites.

Rubus idaeus **Framboisier**

Les framboises font partie de ces fruits que les enfants aiment grappiller. Rien que pour eux, il faut en planter !

Variétés conseillées

Optez pour les variétés dites remontantes qui fructifient deux fois, en juin puis en automne : 'Héritage' et surtout 'Sumo', avec des fruits gros comme des noix.

Comment le réussir ?

Le framboisier est vendu à racines nues, en hiver, ou en conteneur toute l'année. Préférez les arbustes à racines nues, avec 3 à 5 belles branches partant de la souche, car ils ont une meilleure reprise. Faites un trou carré de 40 cm de côté et autant de profondeur. Épandez 10 cm de gravier dans le fond pour le drainage. Installez l'arbuste et comblez de terre. Arrosez.

Et après ?

Le framboisier remontant se taille deux fois. En juin, après la récolte, coupez les rameaux qui ont fructifié, juste sous l'emplacement du dernier fruit. En octobre, après la deuxième récolte, taillez au ras du sol les rameaux ayant fructifié. Pour récolter les framboises sans les écraser, saisissez-les entre les doigts, sans serrer, et tirez vers le bas.

Associations

Le framboisier est sans histoire. Certains jardiniers pensent que des myosotis plantés à son pied peuvent faire fuir le fameux ver qui parasite parfois les framboises. Un mariage à expérimenter…

PLANTATION					
J	F	M	A	M	J
J	A	S	O	N	D

4 à 5 arbustes

légère, fraîche mais bien drainée

2 à 3 ans

Satureja montana **Sarriette vivace**

Les feuilles hachées de la sarriette parfument toutes les salades provençales, mais aussi les viandes blanches et les plats mijotés. Les gourmets devraient toujours en avoir sous la main.

Variété conseillée

Il n'existe qu'une seule sorte de sarriette vivace.

Comment la réussir ?

Le semis est possible, mais vous gagnerez du temps en achetant un jeune plant ou en prélevant un éclat sur une souche existante. Plantez-le en mars ou avril quand il ne gèle plus, ou en septembre si vous habitez dans le Midi. Arrosez régulièrement pour faciliter l'enracinement, mais sans détremper la terre.

Et après ?

Attendez plusieurs mois avant de prélever des feuilles. Cueillez-les alors au fur et à mesure de vos besoins, avec une paire de ciseaux. Attention, la saveur de la sarriette vivace est plus amère que celle de la sarriette annuelle : utilisez-la avec modération.

Bon à savoir

La sarriette est appréciée des insectes butineurs. Prenez garde lorsque vous viendrez la cueillir.

Associations

Les haricots et les oignons ont une action bénéfique sur le développement de la sarriette.

PLANTATION					
J	F	M	A	M	J
J	A	S	O	N	D

1 ou 2 plants

perméable, légèrement calcaire

6 mois

Solanum melongena **Aubergine**

À la base de notre célèbre ratatouille, c'est un délice en gratin ou farcie à la viande. Elle est très facile à cultiver.

PLANTATION
J F M A M
J A S O N

3 pieds

meuble et profonde, fraîche et enrichie de compost

2,5 à 3 mois

Variétés conseillées

Au nord de la Loire et dans les régions à hiver tardif, préférez les plants greffés de 'Bonica' et 'Vernal,' plus vigoureux, ou les plants non greffés de 'Bonica' et 'Baluroi'. Au sud de la Loire et dans les régions à printemps précoce, retenez 'Violette de Florence' et 'Black Beauty'.

Comment la réussir ?

Évitez le semis, qui s'effectue dès février sous abri chauffé. Achetez des plants que vous installerez après les dernières gelées, à 50 cm les uns des autres. Jetez deux poignées de compost au fond du trou de plantation et maintenez le sol frais jusqu'à la récolte. Après la floraison, coupez toutes les tiges au-dessus de la seconde fleur.

Et après ?

Récoltez quand les fruits sont brillants et souples. Coupez au sécateur, à 2-3 cm du pédoncule pour que le fruit se conserve mieux. Attention aux épines !

Bon à savoir

Si vous arrosez, gare à l'eau trop froide qui fait tomber les fleurs. Puisez de l'eau à température ambiante dans une citerne ou laissez reposer un peu l'eau de votre arrosoir.

Associations

Elle apprécie le voisinage des haricots verts qui éloigneraient les altises, parasites de l'aubergine. Cultivez radis et laitues entre ses pieds, ils bénéficieront de leur ombre.

Solanum tuberosum **Pomme de terre**

Il faut beaucoup de place pour cultiver les pommes de terre. Si vous avez un petit potager, essayez les plus savoureuses sur quelques rangs.

PLANTATION
J F M A M
J A S O N

150 tubercules

meuble sans excès d'eau

3 à 4 mois

Variétés conseillées

'Charlotte', 'Ratte' et 'Pompadour' sont incontestablement les plus savoureuses parmi les variétés à chair ferme. Pour les purées et les frites, adoptez la 'Bintje' et la 'Sirtema'.

Comment la réussir ?

Choisissez des plants germés car ils démarrent plus vite. Quand les gelées ne sont plus à craindre (en fait, quand le lilas est en fleur), plantez-les un à un, germe en l'air, dans des trous de 12 cm de profondeur environ, tous les 40 à 50 cm. Maintenez le sol frais. Quand les plants font 10 à 15 cm, buttez-les et paillez la terre avec des tontes de gazon.

Et après ?

La durée entre plantation et récolte est spécifique à chaque variété (90 jours, 110 jours, etc.), mais le jaunissement du feuillage marque en général le signal de l'arrachage. Utilisez une fourche pour soulever chaque souche.

Bon à savoir

Distinguez les variétés à chair ferme qui se dégustent en salades, en robe des champs et à la vapeur, et celles dites de consommation qui finissent en purée, en gratin ou en frites !

Associations

Elles poussent mal près des courges et des concombres, et la proximité des tomates les rend vulnérables aux maladies. La présence de haricots éloigne les doryphores.

Spinacia oleracea **Épinard**

Popeye l'a popularisé en lui attribuant des propriétés stimulantes sur la masse musculaire. Il contient en effet du fer, mais bien moins que le persil ! Il reste un excellent légume d'hiver, car il apporte beaucoup de vitamines C.

SEMIS					
J	F	M	A	M	J
J	A	S	O	N	D

1 sachet de graines pour 20 pieds

argileuse, riche en humus

1,5 à 2 mois

Variétés conseillées

Pour une culture sans surprise, semez 'Monstrueux de Viroflay'. Pour les semis d'automne, préférez 'Whitney' et 'Géant d'hiver'. Semé par temps chaud, l'épinard monte à graines et devient inconsommable.

Comment le réussir ?

N'ameublissez pas le sol car l'épinard apprécie la terre ferme. Griffez, tracez un sillon de 1 cm de profondeur et semez. Couvrez de compost, tassez et arrosez. Quand les plantules ont 5 ou 6 feuilles, éclaircissez pour ne garder qu'un plant tous les 12 à 15 cm. Maintenez la terre fraîche.

Et après ?

Récoltez selon vos besoins, en cueillant les feuilles une à une, sur les pieds les plus développés. Ne cassez pas les petites feuilles au centre de la touffe, car elles vont se développer à leur tour après votre cueillette. Consommez rapidement. Les récoltes d'automne peuvent se congeler.

Bon à savoir

En été, semez plutôt de la tétragone, au goût similaire, mais plus tolérante à la chaleur.

Associations

L'épinard s'accommode de tous ses voisins au potager.

Thymus vulgaris **Thym**

Symbole de la Provence, le thym affectionne les endroits ensoleillés et plutôt secs. Installez-en plusieurs pieds.

PLANTATION					
J	F	M	A	M	J
J	A	S	O	N	D

1 à 2 pieds

perméable, chaude et légèrement calcaire

6 mois

Variétés conseillées

Il se décline en différents parfums. Le thym de Provence est très aromatique, le thym citron sent le citron, comme son nom l'indique, le thym serpolet est de saveur plus fine.

Comment le réussir ?

Le semis est possible, mais vous gagnerez du temps en achetant un jeune plant ou en prélevant un éclat sur une souche existante. Plantez-le en mars ou avril quand il ne gèle plus, ou en septembre si vous habitez dans le Midi. Enfoncez bien la tige dans la terre et arrosez régulièrement pour faciliter l'enracinement, sans détremper la terre.

Et après ?

Attendez plusieurs mois avant de prélever des feuilles, le temps que le thym s'établisse. Cueillez alors les feuilles au fur et à mesure de vos besoins, avec une paire de ciseaux. Au cours de l'été, taillez la moitié de la touffe sur un tiers de sa hauteur pour la forcer à se ramifier.

Bon à savoir

Vous pouvez conserver le thym en coupant les tiges au début de la floraison, en les suspendant au sec dans un local aéré, puis en les rangeant dans des boîtes hermétiques.

Associations

Le thym fait fuir la célèbre piéride du chou dont les chenilles jaune et noir dévorent les feuilles des légumes. Il accentue la saveur des autres légumes.

Tragopogon porrifolius Salsifis

Si le salsifis est une plante herbacée qui peut atteindre 1 m de hauteur, c'est surtout sa racine, semblable à une grosse carotte blanchâtre, qui intéresse le jardinier.

Variété conseillée

Il existe peu de variétés sur le marché et vous devrez souvent vous contenter de ce que l'on vous propose.

Comment le réussir ?

Le salsifis fait partie de ces légumes dont le semis peut être difficile. La terre doit en effet être bien réchauffée pour que la levée s'effectue. Semez en sillon de 2 cm de profondeur, sans serrer les graines. Recouvrez de terre fine et arrosez. Quand les plantules atteignent 5 à 8 cm, éclaircissez pour ne conserver qu'un plant tous les 10 cm.

Et après ?

Maintenez le sol frais en le couvrant d'une couche de 10 cm de paillettes de lin. Dès le mois d'octobre et jusqu'en mars, arrachez les racines en tirant sur les feuilles. Le paillage empêche la terre de geler et facilite ainsi la récolte, même pendant l'hiver.

Bon à savoir

Ne le confondez pas la scorsonère, dont la racine est noire et cylindrique. Tous les deux se consomment cuits, à la crème, gratinés, au jus de viande, etc.

Associations

Le salsifis apprécie le voisinage des cucurbitacées, qui peuvent lui procurer un peu d'ombre et de fraîcheur.

SEMIS
J F M A M
J A S O N

1/2 sachet de grai
sur 4 m

fraîche, profonde et sablonneuse

7 à 8 mois

Valerianella locusta Mâche

La mâche craint les fortes chaleurs. On la sème donc à partir de la fin d'été pour une récolte en automne et en hiver. Installez-la à la place d'une culture d'été pour profiter de la terre ferme et non remuée.

Variétés conseillées

'À grosse graine' et 'Coquille de Louviers' résistent bien au froid et peuvent donc être semées en automne. Sinon, préférez 'Ronde Verte Maraîchère'.

Comment la réussir ?

Respectez surtout cet impératif : la terre ne doit pas avoir été ameublie, mais tout juste ratissée. Mélangez les graines avec du sable fin et semez en sillon d'un demi-centimètre de profondeur. Couvrez de terre fine et tassez fortement avec le dos du râteau. Arrosez en pluie fine.

Et après ?

Pour maintenir la terre fraîche, couvrez-la avec des branchages, à retirer dès l'apparition des plantules. Coupez les rosettes au ras du sol dès qu'elles ont une dizaine de feuilles, de novembre à avril, et consommez rapidement.

Bon à savoir

En fin d'hiver, cueillez tous les pieds de mâche qui restent au potager et consommez-les cuits comme les épinards. S'il en reste trop, incorporez-les à la terre par un petit passage de motobineuse. La mâche est un bon engrais vert.

Associations

La mâche accepte la proximité de tous les légumes.

SEMIS
J F M A M
J A S O N

1/4 de sachet de graines tous les mois

ferme et fraîche

3 à 5 mois

Vicia faba **Fève**

Ce gros haricot est un peu farineux, mais il est excellent en potage. Certains utilisent aussi les fèves dans le cassoulet.

Variétés conseillées

'D'Aguadulce' et 'Précoce d'Aquitaine' sont des valeurs sûres. Si votre jardin est venté, essayez 'The Sutton', qui ne dépasse pas 30 cm de haut.

Comment la réussir ?

Semez les graines par deux, dans des trous de 5 cm de profondeur, dans une terre à peine ameublie. Tassez bien et arrosez abondamment pour bien tremper la terre. Quand les plantules atteignent 20 cm de hauteur, buttez-les sur 15 cm pour renforcer leur base. La fève peut en effet atteindre 1 m de hauteur.

Et après ?

En mai, coupez la tige au-dessus de la cinquième fleur. Cela facilitera le départ de nouveaux rameaux latéraux et fleuris et supprimera les pousses de tête certainement envahies de pucerons noirs. À partir de juin, cueillez les gousses vertes avec des grains bien formés.

Bon à savoir

La peau des graines est épaisse. Faites-la ramollir en les faisant tremper une nuit dans l'eau à la température ambiante de la maison. La germination sera facilitée

Associations

La fève ne craint que les plantes de la famille des liliacées comme l'ail, l'oignon et l'échalote. La sarriette éloignerait le puceron de la fève.

SEMIS

J	F	M	A	M	J
J	A	S	O	N	D

40 graines pour 20 pieds

toute terre pas trop sèche

3 à 4 mois

Zea mays **Maïs sucré**

Le maïs sucré, ou maïs doux, fait le délice des enfants au cours de l'été. C'est un incontournable au potager.

Variété conseillée

La variété la plus sucrée est sans aucun doute 'Honey Bantam'. Elle existe avec grains jaunes, grains blancs, ou grains blancs et jaunes sur le même épi.

Comment le réussir ?

Semez dès que les gelées ne sont plus à craindre, en sillon de 2 cm de profondeur. Posez 2 graines tous les 50 cm. Couvrez de terre fine et tassez. Arrosez immédiatement et gardez toujours le sol humide. Soyez patient, le maïs peut mettre 2 semaines pour sortir de terre.

Et après ?

Quand les plantules ont 5 cm, arrachez dans chaque paire le plant le moins vigoureux. Puis, quand les plants atteignent 20 cm, buttez-les pour renforcer l'ancrage de leurs racines superficielles. Paillez ensuite le sol pour maintenir la fraîcheur. Récoltez les épis quand une pression de l'ongle du pouce sur les grains fait sortir un liquide laiteux.

Bon à savoir

Semez des haricots grimpants au pied du maïs quand celui-ci atteint 50 cm de hauteur. Les haricots s'accrocheront naturellement au maïs.

Associations

Son ombre profite aux courges et aux concombres. Il apprécie les haricots qui enrichissent la terre en azote. Éloignez-le de la tomate, car ils craignent les mêmes parasites.

SEMIS

J	F	M	A	M	J
J	A	S	O	N	D

20 graines pour 10 pieds

fraîche et légère

3 mois

Le Dictionnaire

Les mots du potager

A

Abri

Désigne toute structure qui permet de protéger les plantes du froid.

Les abris les plus courants au potager sont la serre et le châssis. Utiles pour les semis précoces, ils ne sont cependant pas indispensables pour le jardinier débutant. La serre est l'abri le plus sûr, surtout si elle est chauffée. Ce peut être une construction en « dur », avec une charpente en bois ou en métal supportant des vitrages, ou un simple tunnel constitué d'un film plastique sur des arceaux métalliques. Le châssis se présente sous la forme d'un coffre muni d'un couvercle transparent pour laisser passer la lumière. Il protège les jeunes plants des dernières gelées et permet ainsi d'effectuer des semis précoces au printemps.

Adventices

Se dit de plantes qui poussent au potager sans y avoir été semées par le jardinier. Ce sont en fait celles que l'on qualifie à tort de mauvaises herbes…

C'est ainsi que l'ortie qui se développe inopinément dans le jardin est une adventice, alors que l'ortie semée dans une parcelle pour enrichir le sol est une plante cultivée.

Comment s'en débarrasser ?

Le jardinier amateur ne peut pas se débarrasser des mauvaises herbes, car des milliers de graines sont présentes dans la terre et attendent les conditions favorables pour germer. La solution consiste donc à les empêcher d'apparaître en maintenant la terre couverte. Il existe plusieurs manières de couvrir le sol : y installer des légumes, semer des engrais verts, épandre un paillage, étaler des cartons ou des sacs de toile, etc.

➲ *Désherber (voir p. 30)*

Altises

➲ *Parasites et maladies*

Annuelle

Une plante annuelle germe, se développe, fleurit, fructifie et meurt en une saison, du printemps à l'automne.

Les annuelles du potager

Au potager, beaucoup de plantes sont annuelles, ou cultivées comme annuelles, car on les récolte avant qu'elles ne fleurissent l'année suivante. C'est le cas de la carotte ou du persil. Tomate, haricot, maïs, laitue, radis, etc., sont par contre de « vrais » légumes annuels.

Arrosage

➲ *Pluviomètre*

B

Billon

Un billon est une parcelle dont le dessus est arrondi en dôme.

Au potager, on cultive en billon les légumes dont les tubercules ou les racines pivotantes souffriraient de l'humidité stagnante. C'est le cas notamment des pommes de terre. En cas de pluies abondantes, l'eau s'accumule ainsi dans les creux et la terre du sommet n'est pas gorgée d'eau.

➲ *Planter des pommes de terre (voir p. 38)*

Binette

➲ *Outils*

Borner

Ce terme signifie « appliquer fermement la terre contre les racines d'un plant ». Le bornage s'effectue lors de la plantation, généralement avec un plantoir pointu.

Les étapes du bornage

Faites un premier trou vertical avec le plantoir conique et retirez l'outil. Introduisez le plant préalablement habillé dans ce trou et enfoncez à nouveau le plantoir en terre, toujours verticalement, mais 3 cm derrière le premier trou. Pendant qu'une main maintient le plant à la bonne hauteur dans le premier trou, l'autre main pousse le plantoir vers l'avant. La terre est ainsi plaquée contre les racines du plant. Arrosez ensuite dans le trou occasionné par le bornage plutôt qu'au pied du plant.

➲ *Repiquer (voir p. 16)*
➲ *Planter des poireaux (voir p. 48)*

Bractée

Les bractées sont des sortes de feuilles qui apparaissent à la base d'une fleur. Attention à ne pas les confondre avec les sépales !

Au potager, c'est sur l'artichaut que les bractées sont le plus visibles, car elles enserrent le bouton floral que l'on mange. Ainsi, chaque « feuille » ou « écaille » que l'on arrache pour en décoller la base avec les dents est en fait une bractée.

Butter

Butter consiste à entourer une plante d'une butte de terre, de sable ou de produit de paillage.

Pourquoi faut-il butter les légumes ?

On butte les tomates pour que les pieds produisent de nouvelles racines et que l'ensemble de la plante soit ainsi mieux nourri.
On butte les pommes de terre afin d'augmenter le volume de terre disponible aux racines pour produire des tubercules.
On butte les poireaux ou les céleris pour mettre leur base à l'ombre et la faire blanchir, ce qui enlève son amertume.
On butte les haricots car leurs tiges sont trop fines pour résister au vent et à la pluie.

➜ *Planter des pommes de terre (voir p. 38)*

C

Châssis

➜ *Abri*
➜ *Forcer*

Chenilles

➜ *Parasites et maladies*

Chevelu

Désigne le système racinaire d'une plante quand il est constitué de nombreuses et fines racines.

Si les grosses racines assurent l'ancrage au sol de la plante, ce sont les radicelles, de toutes petites racines secondaires, qui puisent l'eau et les éléments fertilisants. On peut ainsi tailler une ou deux grosses racines abîmées avant de planter, mais il ne faut jamais tailler le chevelu afin que le végétal puisse rapidement s'alimenter.

Collet

Le collet est la zone de transition entre la partie souterraine et la partie visible d'une plante, à la base de la tige ou du tronc.

Comment repérer le collet ?

Il doit toujours se trouver au niveau du sol. Au potager, on enterre parfois le collet et une partie de la tige afin de forcer la plante à émettre d'autres racines.
Chez un arbre, le collet fait environ 10 cm de hauteur, alors que, sur un pied de tomate, il ne mesure que 1 cm environ.

➜ *Planter des arbres fruitiers palissés (voir p. 71)*
➜ *Planter des tomates (voir p. 43)*

Compost

Ce mot désigne à la fois l'endroit où l'on entasse les déchets organiques du jardin, et le résultat de leur décomposition.

Ce compost, riche en éléments nourrissants pour les plantes, doit être assimilé au fumier qu'utilisaient nos grands-parents. Ce n'est donc pas un terreau, qui est un support de culture dans lequel on sème directement des graines (même si les courges se développent de façon fabuleuse sur un tas de compost !). Utilisez-le pour améliorer une terre trop argileuse ou trop sableuse, ou pour enrichir ponctuellement la terre au pied de jeunes plants.

➜ *Préparer son compost (voir p. 61)*

Conteneur

Autrefois, les plantes étaient cultivées en pots de terre cuite. L'arrivée du plastique a bouleversé les habitudes : les plantes sont maintenant élevées en pots ronds de plastique noir, appelés conteneurs.

Attention, le conteneur n'est qu'un récipient d'élevage, à travers lequel l'air et l'eau ne passent pas. Quand vous achetez une plante en conteneur, vous devez donc soit la planter rapidement au jardin, soit la rempoter dans un vrai pot de terre, de 2 cm de diamètre plus grand. N'oubliez pas d'immerger d'abord la plante avec son conteneur, durant au moins un quart d'heure, pour bien humidifier la motte.

Cordon

➜ *Formes fruitières*

D

Déchausser

Déchausser une plante, c'est dégager la terre à son pied.

Cela se produit souvent lors de l'éclaircissage ou de la récolte. Les légumes sont en effet si proches que l'arrachage d'un plant soulève la terre avoisinante, ce qui rompt le contact entre la terre et les racines des légumes qui restent en place. Il faut donc toujours tasser la terre autour des plants après un éclaircissage ou une récolte. Un arrosage copieux peut avoir le même effet.

Démarier

➔ *Éclaircir*

Drainage

Le drainage consiste à favoriser l'évacuation rapide de l'eau qui stagne dans les couches du sol.

Si la terre est très compacte en profondeur, il faut la retourner avec un engin mécanique. Si elle est argileuse, incorporez-lui chaque année une brouette de fumier ou de compost par mètre carré. Cela favorise la formation de mottes entre lesquelles l'eau en excès pourra circuler.

E

Éclaircir

Éclaircir consiste à arracher les jeunes plants en surnombre afin de favoriser le développement de la pousse restante.

Pourquoi faut-il éclaircir ?

Les graines de certains légumes sont toutes petites. Même en faisant attention lors du semis, les graines se trouvent souvent trop proches les unes des autres et les plantules sont alors trop serrées pour se développer normalement. C'est pourquoi, quand les plantules atteignent 3 à 5 cm de hauteur, on arrache celles qui sont en surnombre pour n'en garder qu'une tous les 5 à 10 cm. En fait, il faudrait employer le mot « démarier », éclaircir s'appliquant plutôt à la suppression d'arbres en forêt…

➔ *Éclaircir (voir p. 14)*

Engrais

➔ *Fertile*

F

Fertile

Qualifie une terre ou un jardin dans lequel les plantes poussent avec vigueur.

Les caractéristiques d'un sol fertile

Un sol fertile doit être à la fois meuble pour faciliter la progression des racines, perméable pour ne pas trop se gorger d'eau et permettre l'aération des racines, mais aussi riche en éléments fertilisants pour assurer la nourriture des plantes.

Comment maintenir un sol fertile ?

Dans un jardin, et en particulier un potager, on doit donc s'efforcer de maintenir cette fertilité en ameublissant la terre et en y apportant éventuellement des engrais pour nourrir les légumes si la réserve du sol est insuffisante.

Forcer

Forcer un légume consiste à l'obliger à se développer ou à produire des fruits en dehors de la saison normale, en particulier au début et à la fin de l'année, en période de gel.

Pour forcer les légumes, on les cultive sous abri, éventuellement avec un système de chauffage. Ainsi, sous châssis, vous pouvez glisser sous la terre une nappe chauffante électrique. Sous serre, vous pouvez installer un système de chauffage au pétrole, une extension de votre système de chauffage central, ou encore un appareil électrique avec thermostat. Dans tous les cas, aérez progressivement votre abri une semaine avant de sortir vos plants, afin de les accoutumer aux conditions extérieures.

Formes fruitières

Ce sont les différentes silhouettes des arbres fruitiers qui, dès leur plus jeune âge, sont guidés et taillés pour adopter une forme prédéterminée. Cordon et palmette sont les formes de palissage les plus courantes.

Les différents types de cordons

Le cordon est la forme de palissage la plus simple : un tronc vertical de 50 cm environ, et une branche unique palissée à l'horizontale au sommet de ce tronc. C'est sur cette branche, qui va grossir au fil des ans, qu'apparaissent des rameaux secondaires, porteurs de fleurs puis de fruits.
Le cordon peut aussi avoir deux branches horizontales qui partent dans des directions opposées. On dit alors qu'il est à deux bras. Il peut enfin avoir deux niveaux de branches horizontales, on parle alors de cordon double.
Le poirier et le pommier sont les fruitiers les plus couramment cultivés en cordon.

Les différents types de palmettes

Il existe plusieurs types de palmettes : en U simple, en U double, à la diable, Verrier, oblique, etc. Elles présentent toutes un tronc court de 50 cm de hauteur et plusieurs branches principales sur le même plan pour permettre le palissage sur des fils de fer ou sur un mur.

<u>Quel type de palmette pour quel arbre</u> ?

Le choix de la forme est souvent dicté par

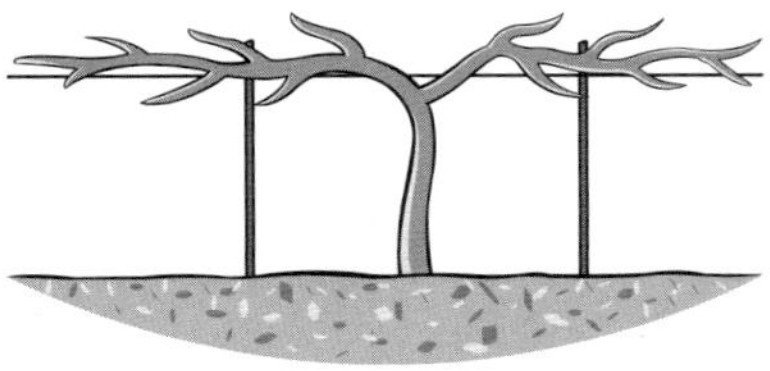

Cordon à deux bras

Cordon double

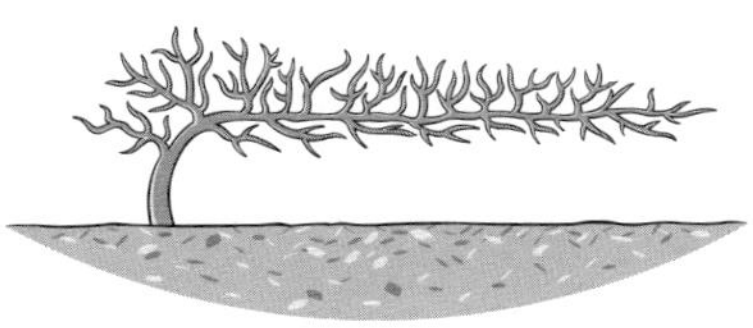

Cordon simple

les arbres fruitiers eux-mêmes. Ainsi, cerisiers et abricotiers apprécient les palmettes à la diable, alors que pommiers et poiriers acceptent davantage les palmettes obliques. Parfois, c'est la variété qui impose la forme. La poire 'Passe-Crassane', par exemple, ne produit bien que sur palmette en U.

➲ *Planter des arbres fruitiers palissés (voir p. 71)*

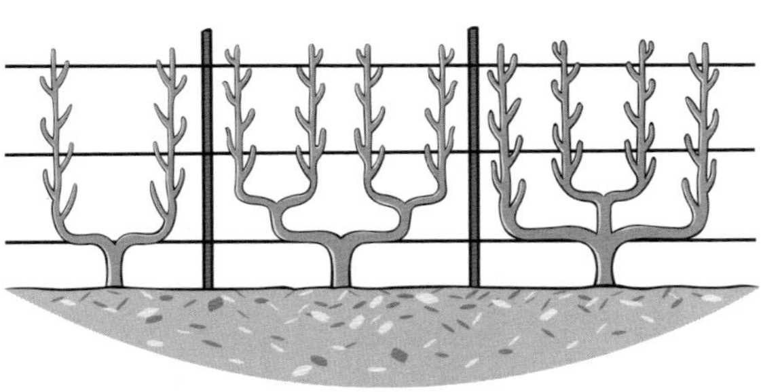

Palmette en U simple, en U double et Verrier.

G

Godet

On parle de godets pour les pots en plastique ou en tourbe de moins de 10 cm de diamètre.

Attention, les godets ne sont que des contenants d'élevage. Si vous achetez des plants en godets, installez-les vite en terre ou dans un grand pot, afin de ne pas arrêter leur développement. Faites-les tremper préalablement au moins un quart d'heure dans l'eau pour bien humecter la motte. Sinon, vos plantes risquent de mourir une fois replantées, malgré vos arrosages…

➲ *Semer en godet de tourbe (voir p. 18)*

➲ *Planter des légumes en godet (voir p. 20)*

Gouge

➲ *Outils*

Griffe

➲ *Outils*

H

Habiller

Habiller un plant de légume à racines nues signifie le préparer avant la plantation.

Comment procéder ?

Habiller un plant consiste dans un premier temps à supprimer la moitié de son feuillage pour limiter la surface végétale soumise à évaporation : laisser trop de feuilles pourrait favoriser la déshydratation du plant. On raccourcit ensuite les racines aux deux tiers pour obliger le plant à en produire de nouvelles, qui seront immédiatement opérationnelles pour puiser l'eau du sol. On habille ainsi les poireaux, les salades ou les choux.

➲ *Planter des poireaux (voir p. 48)*

Hâtif

Désigne les légumes qui arrivent à maturité en une courte période.

Les légumes hâtifs, ou précoces, sont particulièrement recommandés dans les régions où le printemps et l'automne sont froids, ce qui restreint la culture potagère aux seuls mois d'été.

Houe

➲ *Outils*

Humifère

Se dit d'une terre contenant beaucoup d'humus.

L'humus est une sorte de « terreau » noirâtre résultant de la décomposition lente et naturelle des déchets végétaux et animaux dans le sol. Le compost est aussi de l'humus, mais fabriqué artificiellement au-dessus de la surface du sol.

À quoi sert l'humus ?

L'humus est indispensable dans toutes les terres car il contribue à la formation de mottes, et donc au drainage et à la bonne aération du sol. Il donne du corps à une terre sableuse et allège une terre argileuse. En se décomposant, les déchets végétaux et animaux libèrent en outre des éléments fertilisants utiles aux plantes.

Humus

➲ *Humifère*

Hybride

Une plante est dite hybride quand elle est le résultat du croisement entre deux espèces ou deux variétés.

Au potager, beaucoup de légumes sont aujourd'hui des hybrides. Leur nom est alors suivi de la mention « F1 ».
Les professionnels réalisent des hybridations pour obtenir des légumes plus résistants aux maladies, d'une couleur ou d'une taille particulière, ou même, plus rarement, plus goûteux. Attention : à ne pas confondre avec les OGM !

Hydrosoluble

Ce terme s'applique aux produits de traitement qui, une fois jetés dans l'eau d'un pulvérisateur ou d'un arrosoir, se dissolvent presque instantanément pour former une solution homogène.

La plupart des produits de traitement s'achètent soit liquides, soit sous forme de granulés, que l'on dissout dans l'eau après en avoir prélevé la quantité indiquée sur l'emballage. Une cuillère ou un doseur sont généralement fournis pour cela. Mais, même en faisant attention, les risques de contact avec la peau sont importants, or ces produits sont souvent irritants ou toxiques. C'est la raison pour laquelle sont apparus sur le marché des produits liquides en flacon doseur, ou des produits en poudre sous forme de doses hydrosolubles qui évitent tout contact avec la peau.

➲ *Traiter (voir p. 28)*

L

Légume feuille, Légume fruit, Légume racine

➲ *Type de légume*

Limaces

➲ *Parasites et maladies*

M

Mauvaises herbes

➲ *Adventices*

Monter

Au moment de fleurir, les laitues et les chicorées émettent des hampes florales pouvant dépasser 1,50 m. On a l'impression que le cœur de la salade s'élève et on dit qu'elle monte. Les salades montent quand elles souffrent de la chaleur, ou bien d'un arrosage irrégulier entrecoupé de périodes de sécheresse. Elles deviennent alors inconsommables. Les choux et le persil sont également susceptibles de « monter ».

O

Œilleton

Les œilletons sont des rejetons que certaines plantes émettent à la périphérie de leur touffe principale et qui remplacent cette dernière lorsqu'elle disparaît.

Le bananier, par exemple, fait partie des plantes qui émettent des œilletons. Au potager, l'exemple type est l'artichaut. L'œilleton est en quelque sorte la reproduction en petite taille de la plante mère. Pour multiplier un artichaut grâce à ses oeilletons, il suffit de les décoller de la souche avec un transplantoir ou un couteau, en vérifiant qu'ils portent bien des racines. Plantés dans une terre humifère et fraîche, ils se développent rapidement pour donner, l'année suivante, une touffe aussi importante que la souche initiale.

➲ *L'artichaut, beau et bon à la fois (voir p. 41)*

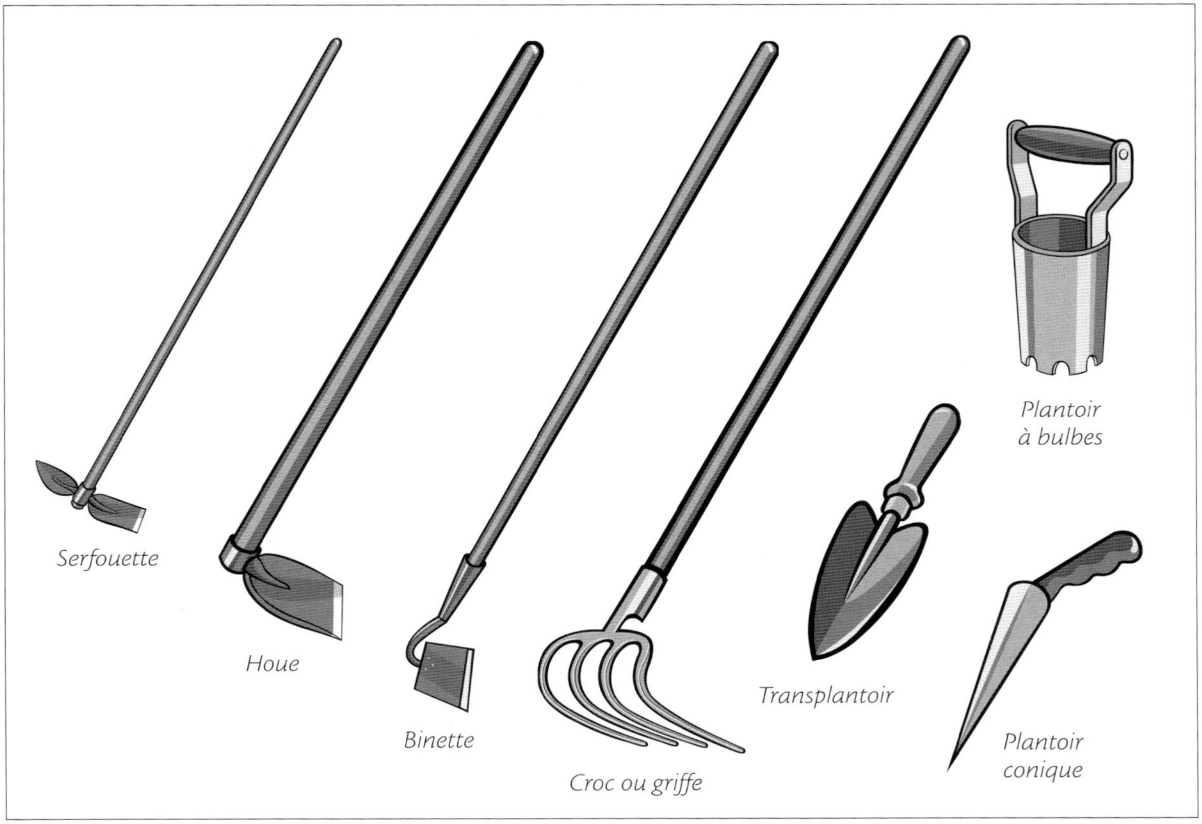

Outils

Binette

La binette est l'outil de désherbage par excellence, avec son fer plat et mince à tranchant affûté. On l'utilise en avançant, en donnant des petits coups de l'avant vers l'arrière pour couper les mauvaises herbes. Son action participe en même temps à l'ameublissement de la surface du sol, ce qui permet de maintenir une certaine humidité au niveau des racines des légumes. Les modèles forgés sont les plus solides. Préférez ceux dont le fer est affûté des deux côtés, encore plus tranchants.

Gouge

La gouge est un outil de 30 à 40 cm de longueur qui ressemble à un ciseau à bois, mais dont la lame est incurvée. On l'utilise au potager pour récolter les turions d'asperge. La gouge est aussi très utile pour arracher les mauvaises herbes à racine pivotante comme le pissenlit ou le plantain, après une bonne pluie ou un arrosage. Soulevez les feuilles de la plante, enfoncez la gouge verticalement dans le sol, juste à côté du cœur de la plante, et inclinez-la vers l'arrière. La mauvaise herbe va se soulever avec sa racine et aura beaucoup moins de chance de redémarrer.

➲ *Désherber (voir p. 30)*

Griffe

L'expression « griffer la terre » est tout à fait appropriée. L'opération consiste en effet à égratigner la surface du sol, sur 5 cm de profondeur au maximum. Pour cela, on utilise une griffe à fumier, ou croc de jardin, que l'on tire vers soi d'une main, en l'empêchant de trop pénétrer dans la terre avec l'autre main.
On griffe la terre quand elle a été ameublie, avant d'y effectuer un semis ou des plantations. Le but est de briser les mottes ou de casser la croûte qui a pu se former apès une pluie ou un arrosage.

Houe

La houe est un outil constitué d'un manche court et d'un fer plat, épais et très recourbé. On l'utilise à deux mains pour frapper le sol dans un mouvement vertical. La houe sert à ameublir la terre dure, à arracher de grosses racines, à butter certains légumes, etc. Attention, elle s'emploie le dos courbé, et une utilisation prolongée devient rapidement pénible. Pensez à affûter son tranchant une fois par an.

Plantoir
Cet outil sert à effectuer un trou dans la terre avant de planter un végétal. Il se présente sous deux formes, selon le type de plant que l'on met en place.
Au potager, on utilise surtout le plantoir conique pour repiquer les plants de légumes à racines nues comme les poireaux, les choux, les salades…
On peut aussi utiliser le plantoir à bulbes pour mettre en place les plants en mottes. C'est un cylindre que l'on enfonce en terre et qui permet d'extraire une carotte de terre. Les modèles les plus sophistiqués disposent d'un système d'écartement du cylindre pour faire retomber la terre.

Serfouette
La serfouette dispose d'un manche et d'un fer plat en deux parties, qui peuvent être de différentes natures :
• une panne (carrée) d'un côté et une langue (pointue) de l'autre,
• une panne opposée à une fourche à 2 ou 3 dents,
• une langue face à une fourche.
La panne sert de petite houe pour désherber entre les rangs, et s'utilise aussi pour butter. La langue permet de tracer des sillons en terre ameublie, ou de décroûter la surface du sol. La fourche sert enfin à ameublir.
Choisissez un modèle forgé, plus solide que ceux qui sont soudés.

Transplantoir
Le transplantoir est un outil à main qui ressemble à une petite pelle. Il sert notamment à prélever les jeunes plants en pépinière avant de les repiquer, mais aussi à planter les légumes en godets.
Pour être rapide et efficace quand vous plantez un légume en godet, tenez votre transplantoir comme un poignard, lame sous la main et creux vers vous. Enfoncez verticalement l'outil dans la terre ameublie et tirez vers vous sur 10 cm environ.
➲ *Désinfecter outils et accessoires (voir p. 72)*

P

Paillage
Le paillage, ou paillis, est un matériau que l'on épand sur la terre nue pour empêcher les mauvaises herbes de pousser, mais aussi pour retenir l'humidité et conserver sa souplesse à la terre.

Autrefois, les jardiniers utilisaient de la paille. Depuis, le nom est resté. Dans les années 60, on a cru que le plastique allait révolutionner le procédé. On en trouve encore des lambeaux dans les haies…

Quel paillage utiliser ?
Au potager, les produits de paillage doivent se décomposer en une saison pour permettre la prochaine mise en culture. Évitez donc les écorces de pin, et utilisez plutôt les paillettes de lin ou de chanvre, ou encore des coques de cacao.
➲ *Désherber (voir p. 30)*

Palissage
➲ *Formes fruitières*

Palmette
➲ *Formes fruitières*

Parasites et maladies

Altises
Ces parasites s'en prennent surtout aux plantes de la famille des brassicacées (les navets et les choux) ou aux radis. Ils ne mesurent que 2 ou 3 mm de long et interviennent en général de nuit, lors des périodes chaudes et sèches. Les dégâts sont très faciles à repérer : on observe de nombreux petits trous dans les feuilles, comme si elles avaient pris un coup de fusil de chasse. Les oiseaux se chargent de manger ces parasites, mais, en cas d'infestation, une pulvérisation de roténone (disponible en Jardinerie) suffit à limiter leur la population.

Chenilles
Les chenilles apparaissent généralement de façon subite : un jour, vous ne voyez rien, et, le lendemain, il y a des petites chenilles partout !
Au printemps, surveillez le dessous des feuilles de légumes. Si vous voyez des œufs agglutinés les uns contre les autres, écrasez-les. Si les œufs sont déjà éclos et que les chenilles soient peu nombreuses, éliminez-les à la main. En cas d'infestation, pulvérisez un produit naturel à base de *Bacillus thuringiensis*. Cette bactérie parasite et détruit la chenille en moins de 24 heures.
Au potager, le papillon le plus commun est la piéride. Blanc avec une tache noire, il sévit surtout sur les choux.

Limaces
Les limaces s'attaquent aux feuilles, aux fleurs et aux tiges des végétaux et peuvent occasionner rapidement des dégâts considérables. Elles sortent la nuit, par temps humide, au printemps et en automne.
Pour protéger vos cultures, épandez autour de vos plantations un cordon de cendres de bois ou utilisez des granulés anti-limaces, disponibles en Jardinerie. Vous pouvez aussi faire un « piège » en enterrant un récipient rempli de bière : attirées par l'odeur, les limaces vont venir s'y noyer.
➲ *Prévenir les attaques de limaces (voir p. 40)*

Oïdium
Ce champignon provoque un feutrage blanc sur toutes les parties de la plante,

surtout les zones tendres comme les boutons floraux, les jeunes pousses et les feuilles. Il puise la sève des plantes parasitées et les met « à l'ombre », ce qui perturbe leurs fonctions vitales.
L'oïdium se développe surtout quand il fait sec et chaud. Pour prévenir son apparition, il suffit de maintenir une certaine fraîcheur au jardin en brumisant les légumes. En cas d'infestation importante, une ou deux pulvérisations de soufre suffisent souvent pour éradiquer l'intrus.
Au potager, l'oïdium est souvent sans gravité car il atteint les feuilles des légumes au cœur de l'été, alors que les fruits sont déjà formés et bons à récolter.

Pucerons

Les pucerons sont des petits insectes de 2 à 3 mm qui se nourrissent en piquant l'épiderme des plantes pour y prélever la sève. Ils seraient bien inoffensifs s'ils agissaient seuls, mais ils interviennent toujours en nombre. Une colonie peut rapidement mettre à mal une culture.
Ils sont faciles à repérer: ils sont serrés les uns contre les autres et envahissent toujours les jeunes pousses. Il existe des pucerons noirs, verts, roses, etc.
Ils ont beaucoup de prédateurs au jardin: les coccinelles bien sûr, mais aussi les chrysopes par exemple. En cas d'attaque avérée, il vous suffit de pincer les rameaux atteints et de les écraser au sol.

➲ *Protéger (voir p. 26)*
➲ *Traiter (voir p. 28)*

Pédoncule

Il s'agit de la célèbre queue de cerise! C'est en effet la « tige » qui porte la fleur, fleur qui va se transformer en fruit.

Haricot, tomate, poivron, artichaut, fraise et tous les légumes fruits portent des pédoncules. En général, lorsque l'on cueille des fruits ou des légumes que l'on ne consomme pas tout de suite, on laisse le pédoncule pour ne pas provoquer une blessure ou une sécheresse qui contrarierait la bonne conservation.
Sur certains légumes comme l'aubergine, un sécateur est nécessaire pour sectionner le pédoncule, car il est très épais.

Pépinière

En horticulture, une pépinière est un lieu où le producteur multiplie et élève les plantes avant de les revendre. Au potager, c'est le lieu où l'on sème les légumes devant subir un repiquage.

Quelles plantes faut-il semer en pépinière ?

On peut semer en pépinière tous les plants qui se repiquent comme les poireaux ou les choux. Vous pouvez aussi semer directement au potager, mais les plants qui ont subi un ou plusieurs repiquages sont généralement plus beaux. Les semis sont aussi plus faciles à protéger contre le gel, les limaces ou les intempéries car ils sont rassemblés.

Comment repiquer ?

Quand les plants semés dans la pépinière atteignent 10 cm de hauteur, il faut les repiquer. Soulevez-les avec un transplantoir, séparez-les délicatement puis habillez-les avant de les planter à leur emplacement définitif dans le potager.

Pincer

Au jardin, pincer signifie supprimer l'extrémité de jeunes rameaux, afin que la sève se dirige vers des rameaux ou des fruits inférieurs et s'y concentre.

On utilise le terme pincer car l'opération peut s'effectuer à la main dans la plupart des cas: on sectionne les rameaux tendres entre les ongles du pouce et de l'index. Mais on peut aussi pincer avec un sécateur ou un couteau.

Pourquoi pincer ?

Le pincement est particulièrement utile en fin d'été <u>pour assurer le mûrissement</u> des derniers légumes fruits comme les tomates ou les courgettes.
On peut aussi pincer <u>pour supprimer des parasites</u> qui s'agglutinent en tête de rameau, comme les pucerons sur la fève par exemple.

Plante mère

On appelle ainsi une plante qui est à l'origine d'une descendance.

Une plante sur laquelle <u>on prélève des boutures</u> est la plante mère des jeunes plants qui seront issus de ces boutures.
Une plante au pied de laquelle <u>on détache des œilletons</u> est la plante mère des futurs jeunes plants.
Quand <u>on réalise une hybridation</u> en prélevant du pollen sur les étamines d'une fleur pour le déposer sur le pistil d'une autre, cette dernière est la plante mère de la progéniture issue de ses graines.

Plantoir

➲ *Outils*

Plantule

Désigne la toute jeune plante qui sort de terre après la germination d'une graine.

À ce stade de plantule, le légume est très vulnérable. Vous devez maintenir la terre humide pour lui éviter toute déshydratation irréversible et surtout le protéger contre les limaces et les oiseaux, friands de ces jeunes tissus végétaux!

Pluviomètre

Système gradué servant à mesurer la quantité d'eau de pluie ou d'arrosage tombée dans un endroit donné.

Certains sont électriques et peuvent être reliés à un système d'arrosage automatique: lorsque le pluviomètre est plein, l'arrosage s'arrête.

Pour le potager, il s'agit le plus souvent d'un simple gobelet en plastique vert. On pique le pied du gobelet en terre et il suffit ensuite de regarder sur l'échelle graduée la quantité d'eau tombée à l'intérieur. L'échelle d'un pluviomètre est en millimètres. Une graduation correspond à un litre d'eau tombé sur un mètre carré. Si vous avez opté pour le paillage, ce qui est fortement recommandé, un arrosage hebdomadaire correspondant à 5 mm du pluviomètre peut suffire au potager.

➲ *Arroser (voir p. 24)*
➲ *Économiser l'eau d'arrosage (voir p. 53)*

Polliniser

La pollinisation est le transport du pollen des étamines jusqu'au pistil, sur une même fleur ou d'une fleur à une autre.

La pollinisation est assurée par le vent et surtout par les insectes qui se chargent involontairement de pollen quand ils viennent butiner les fleurs.

Comment polliniser ses plantes ?

Vous pouvez polliniser vous-même les fleurs de vos légumes s'ils sont cultivés en serre, car ils sont alors à l'abri du vent et inaccessibles aux insectes pollinisateurs. Armez-vous d'un petit pinceau, passez-le sur les étamines d'une fleur, puis sur le pistil d'une autre. C'est très utile pour les légumes fruits comme les tomates et les plantes de la famille des cucurbitacées.

Poquet

Un poquet est un trou dans lequel on place une ou plusieurs graines.

Praliner

Praliner consiste à enduire les racines d'une plante d'un mélange boueux pour les empêcher de se déshydrater d'une part, et d'autre part les aider à développer de nouvelles racines secondaires, ce qui active la reprise.

Autrefois, les jardiniers fabriquaient eux-mêmes leur pralin en mélangeant de la terre, du fumier et de l'eau. Aujourd'hui, vous trouverez dans le commerce des pralins tout faits à délayer dans l'eau. À défaut, une boue liquide confectionnée à partir de la terre du jardin peut aussi faire l'affaire. Dans tous les cas, plongez les racines dans le mélange, remuez pour bien enrober, et plantez immédiatement. Vous pouvez praliner toutes les plantes à racines nues sans exception : ce traitement leur sera toujours bénéfique.

Précoce

➲ *Hâtif*

Pucerons

➲ *Parasites et maladies*

R

Racines nues

➲ *Habiller*
➲ *Praliner*

Radicelles

➲ *Chevelu*

Rames

Les rames sont des branches ou des perches fichées dans le sol et souvent reliées entre elles par 2 ou 3 par leur sommet. Elles servent de tuteur aux plantes grimpantes annuelles.

Au potager, elles sont indispensables pour cultiver les haricots dits à rames, c'est-à-dire les haricots grimpants, qui peuvent atteindre 2 ou 3 m de haut. Si vous n'arrivez pas à trouver de rames près de chez vous, sachez qu'il existe aussi dans le commerce des filets à ramer. Ce sont des filets en plastique qui se tendent verticalement entre deux poteaux et sur lesquels viendront s'agripper les légumes.

Repiquer

Le repiquage équivaut à une plantation, mais il concerne uniquement les jeunes plants issus d'un semis.

Au potager, on repique les poireaux, les salades, les choux, etc. On ne repique jamais un légume à racine pivotante comme la carotte.

➲ *Repiquer (voir p. 16)*

Reprendre

On dit qu'une plante reprend bien quand, après avoir été transplantée, elle pousse et se développe normalement.

La reprise d'une plante dépend de nombreux facteurs : la façon dont elle a été arrachée, la période à laquelle elle est plantée, la manière dont elle a été habillée, les soins dont elle a fait l'objet après la plantation (notamment l'arrosage), le type de terre dans lequel elle est placée…

Ressuyé

On dit d'une terre qu'elle est ressuyée quand, après une pluie ou un arrosage, elle est humide et fraîche mais a perdu son caractère boueux.

S

Saints de glace

Une chute brutale de la température nocturne, parfois associée à du gel, se produit souvent aux alentours des 11, 12 et 13 mai. Les saints de glace sont ceux que l'on fête ces trois jours-là.

Retenez que les risques de gelée nocturne peuvent durer jusqu'en mai, et que hormis dans le Midi, il est sage d'attendre la seconde quinzaine de mai pour entreprendre des semis au potager.

➲ *Protéger les légumes du gel (voir p. 63)*

Serfouette

➲ *Outils*

Serre

➲ *Abri*
➲ *Forcer*

Sillon

Un sillon est une petite saignée ou ornière dans laquelle le jardinier sème les graines ou repique des jeunes plants.

Comment semer en sillon ?

Tracez un sillon le long d'un cordeau, avec un manche d'outil ou le dos d'un râteau. Semez, puis recouvrez de terreau : sa couleur noire emmagasine davantage la chaleur que la terre. Le sillon peut ne pas dépasser 0,5 cm de profondeur s'il reçoit des graines fines, mais il peut atteindre 3 cm pour des grosses graines.

Solution

Désigne le mélange homogène constitué par l'eau et un produit de traitement.

Quelques règles d'utilisation

<u>Ne préparez pas plus de solution que nécessaire</u>.
<u>Préparez de préférence votre solution dans un seau</u> : ce sera bien plus pratique pour verser les différents liquides et homogénéiser le tout. Transvasez-la ensuite dans votre pulvérisateur.
<u>Ne jetez jamais les eaux de rinçage</u> de votre appareil, très polluantes, dans un fossé ou un égout. Épandez-les plutôt sur les plantes que vous venez de traiter. Renouvelez le rinçage 3 ou 4 fois pour supprimer toute trace de produit.

➲ *Traiter (voir p. 28)*

T

Terreau

➲ *Compost*
➲ *Humifère*

Tourbe

➲ *Godet*

Transplantoir

➲ *Outils*

Turions

Les turions sont les jeunes pousses de l'asperge.

Ils se développent d'abord sous terre (c'est pourquoi les asperges, abritées de la lumière, sont blanches), puis sortent du sol. C'est à ce moment-là qu'on les cueille avec une gouge. L'asperge doit être cultivée dans un sol très meuble, voire sableux, pour que les turions progressent facilement et surtout poussent sans aucune déformation.

Type de légume

Au potager, on distingue trois « familles » de légumes. Les <u>légumes feuilles</u>, comme les épinards, les salades et les choux ; les <u>légumes fruits</u> tels que tomates, haricots, poivrons, concombres, etc. ; et enfin les <u>légumes racines</u> : oignons, pommes de terre, carottes, navets…

V

Voile d'hivernage

Appelé aussi voile de forçage, c'est un tissu synthétique que l'on pose sur les plantations pour les protéger du gel.

Très fin, translucide, perméable à l'eau et à l'air, il est surtout doté d'étonnantes qualités isolantes malgré sa finesse.
Étalé sur une parcelle ensemencée au début du printemps, il protège la culture des gelées nocturnes, sans perturber le développement des plantules : elles n'ont aucune peine à soulever le voile au fur et à mesure de leur croissance. Vous pouvez arroser sans retirer la protection.

➲ *Protéger les légumes du gel (voir p. 63)*

A

B

C

D

E

F

T

V

Z

Adresses

Semences et plants de légumes / Vente par correspondance
Baumaux, BP 100, 54062 Nancy Cedex. Tél. : 03 83 15 86 86. www.baumaux.com
Le Biau Germe, 47360 Montpezat. Tél./fax : 05 53 95 95 04
Ferme de Sainte-Marthe, BP 10, 41700 Cour-Cheverny. Tél. : 02 54 95 45 04. www.ferme-de-sainte-marthe.com
Kokopelli, 131, impasse des Palmiers, 30100 Alès. Tél. : 04 66 30 64 91. kokopelli.assoc@wanadoo.fr
Le Potager d'un curieux, La Molière, 84400 Saignon. Tél. : 04 90 74 44 68. www.lepotager.com

Variétés anciennes d'arbres fruitiers / Conseils et échanges
Association des Croqueurs de Pommes, Rue Jean-Pierre Melville, BP 702, 90020 Belfort Cedex. Tél. : 03 84 21 41 70.

Produits de paillage pour le potager / Revendeurs sur demande
Coques de cacao :
Terre & Nature, 40210 Solferino. Tél. : 05 58 51 77 22.
Paillettes de chanvre :
Magellan, Z.A. Les Landes, 24290 La Chapelle-Aubareil. Tél. : 05 53 51 22 25.
Paillettes de lin :
Profertyl, 1, avenue Dubna, 14209 Hérouville-Saint-Clair Cedex. Tél. : 02 31 47 15 90. www.jardinage-bio.com

Produits de traitement naturels / Vente par correspondance
Natura, 2, rue d'Hanoï, 58000 Nevers. Tél. : 03 86 59 00 46.
Graineterie Schoch, 18, rue des Boulangers, 68100 Mulhouse. Tél. : 03 89 45 11 21.

Voile d'hivernage / Revendeurs sur demande
Celloplast, 13, route de Préaux, 53340 Ballée. Tél. : 02 43 64 14 14.

Crédits

Photographies
Les photographies illustrant ce livre ont été fournies par G + S Photographie © coll. Larousse (34, 44, 56, 66) et par l'agence MAP/Mise au point.
Pour l'agence MAP/Mise au point (ZAC des Aunettes, D27-10, bd Louise-Michel, 91030 Evry Cedex) ont collaboré :
F. Buffetrille : 101
A. Chopin : 72
A. Descat : 39, 42, 49, 50, 60, 64, 71, 73, 77, 80, 81, 90, 92, 93, 94, 97, 98, 99, 100, 102
F. Didillon : 6, 32, 43, 51, 52, 54, 59, 62, 76, 78, 79, 81, 82, 83, 84, 86, 87, 88, 89, 91, 92, 95, 100
M. Duyck : 48
A. Guerrier : 80
F. Lamarque : 85
N. et P. Mioulane : 39, 40, 41, 47, 49, 53, 63, 65, 69, 70, 71, 76, 77, 82, 96
Y. Monel : 72, 101
C. Nichols : 74
Noun : 38, 40, 48, 53, 54, 60, 61, 62, 69, 78, 79, 83, 84, 85, 87, 89, 90, 93, 84, 95, 96
Noun et Gaëlle : 37, 38, 43, 61

Couverture
MAP/Mise au point : F. Didillon

Dessins
Denise Bazin : 36, 46, 58, 68
Sylvie Rochart : 9, 11, 13, 15, 17, 19, 21, 23, 25, 27, 29, 31, 107, 110
Élise Toublanc : gardes

Le tuyau d'arrosage

Le pistolet réglable

La scie d'élagueur

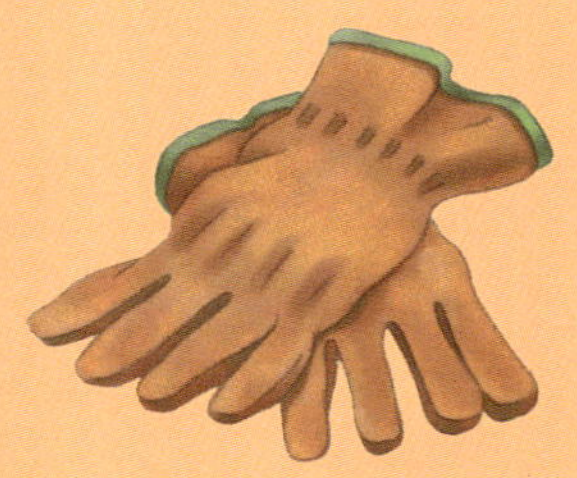

Les gants de travail

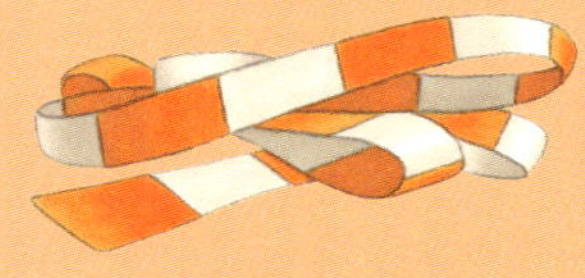

Les effaroucheurs

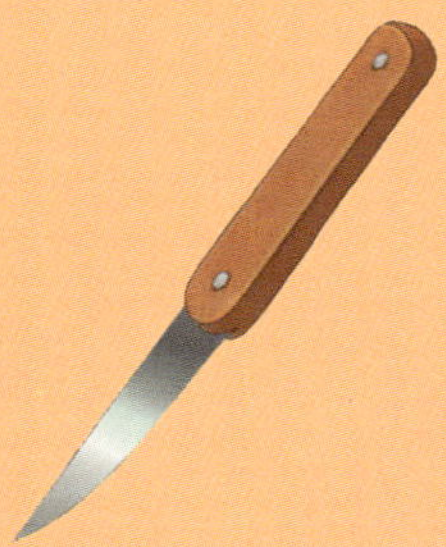

Le couteau
à manche épais

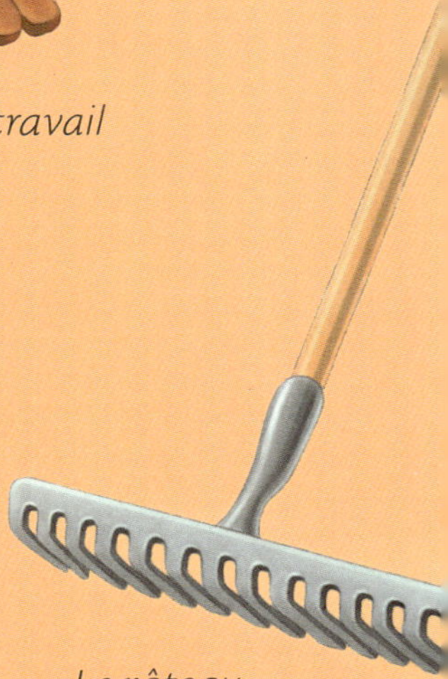

Le râteau

Le rouleau

Le pulvérisateur

Le sécateur

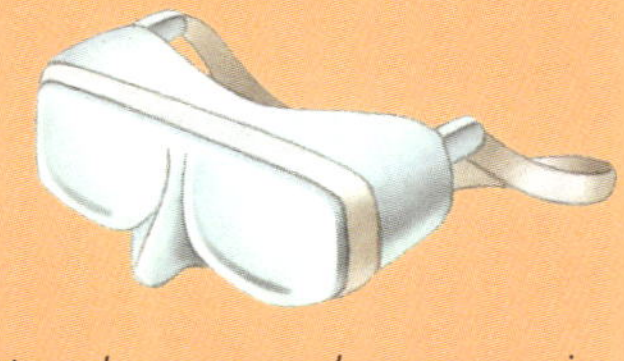

Les lunettes de protection